唤醒孩子的自驱力

梁幻馨◎著

中国铁道出版社有限公司
CHINA RAILWAY PUBLISHING HOUSE CO., LTD.

图书在版编目（CIP）数据

唤醒孩子的自驱力 / 梁幻馨著. — 北京：中国铁道
出版社有限公司，2023. 11
ISBN 978-7-113-30468-3

I. ①唤… II. ①梁… III. ①学习方法-青少年读物
IV. ① G791-49

中国国家版本馆 CIP 数据核字 (2023) 第 150876 号

书　　名：唤醒孩子的自驱力
　　　　　HUANXING HAIZI DE ZIQULI

作　　者：梁幻馨

责任编辑：马真真　　　　　编辑部电话：(010) 63549480
装帧设计：闰江文化
责任校对：苗　丹
责任印制：赵星辰

出版发行：中国铁道出版社有限公司（100054，北京市西城区右安门西街 8 号）
印　　刷：北京盛通印刷股份有限公司
版　　次：2023 年 11 月第 1 版　　2023 年 11 月第 1 次印刷
开　　本：880 mm×1 230 mm　1/32　印张：9.25　字数：200 千
书　　号：ISBN 978-7-113-30468-3
定　　价：59.00 元

"你再不写作业，看我怎样收拾你！"在说这句话的时候，我的负面情绪已经到达了顶点，我是被孩子蛮不讲理的态度、没有礼貌的语言、故意对抗的行为激怒了。虽然我知道孩子此刻最需要的是理解和包容，但面对他的反应，我一点都不想委屈自己。就这样僵持了一会儿，我再次提醒他写作业，但他继续对抗，我真的忍无可忍了，心中的怒火都宣泄在一句句愤怒的批评里。

然而，发泄完之后，我又后悔了。看到他拿着枕头捂住自己的脸，我知道他又生气、又无奈，还害怕我继续责备他。我能感觉到他在抽泣，但没有哭出声音。看到他这样，我既后悔，又很无奈，只能跑到阳台上消消气。但此时再灿烂的阳光也驱散不了我内心的乌云，想着想着，我流下了委屈的泪水。

我深刻理解陪孩子时的"鸡飞狗跳"之苦。如果有"时光机"，我一定会从事情的开端就改变结局。但世界上没有后悔药，改变结局的最好方法，就是从孩子的自驱力入手进行引导和调整。

如果把孩子的自驱力比喻成一颗大树的种子，想要这粒种子长成参天大树，肯定离不开土壤、阳光和雨露。父母与孩子相处时的言语和行为，是种子需要的土壤。父母的大格局、好情绪，是滋润种子的阳光和雨露。种子发芽后，孩子的思考力、情绪管理能力、决策力、自主意识，都是这棵树的树干，树干的营养越多，越能长出茂盛的树叶。培养孩子的时间管理能力，就是在给种子浇水和施肥。各方面营养都充足后，树上长出的果实才会又大又甜，而孩子的自控力就像大树长出来的果实。这就是自驱力培养模型（简称自驱力大树），如下图所示。

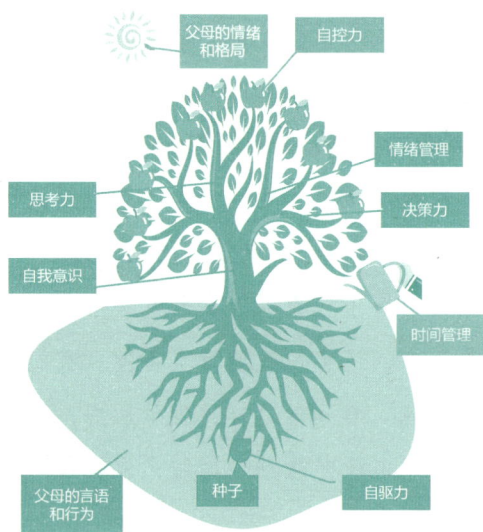

自驱力培养模型

有了自驱力培养模型后，培养阳光自信、有创造力的孩子就有方可循了。父母要相信孩子的潜能是无限的，现在给予孩子的阳光和雨露，都会成为孩子成功的催化剂。

本书把育儿痛点场景作为抛砖引玉的案例，分享激发和培养孩子自驱力的方法，而且所用方法都是基于真实的生活经验，通过打开孩子的内心世界，引导父母与孩子进行有效的沟通，从而实现孩子的转变。在育儿理念上，我赞成挫折教育，让孩子多经历、多探索、多思考、多总结，让孩子成为爱思考、高情商的人。此外，我希望孩子爱劳动，在家庭中以玩的方式帮助父母分担家务，并在做家务的过程中，培养孩子的领导力、项目管理能力和计划执行能力等。同时，让孩子学会体谅和孝顺父母。世界观、人生观、价值观都正确的孩子，还需要担心他不优秀吗？所以，不要小看现在所做的一切。

本书共七章，前六章把自驱力拆解为六个方面，即自控力、独立思考力、情绪管理能力、行动决策力、自主意识、时间管理能力；第七章以自述表白的形式，探讨夫妻亲密关系、父母情绪控制力、父母对孩子的态度，以及兴趣爱好等方面对孩子的影响。前六章中每一章都有育儿痛点案例分析、解决方法、行动方案、配套练习和资料等，书中的方法不但丰富实用、通俗易懂，而且操作性强，建议在阅读过程中举一反三，把方法套用在不同场景中解决实际问题。可以说，这是一本父母必备的教子枕边书。

梁幻馨

2023 年 5 月

目 录

第一章

培养自控力

　　孩子的自控力就像大树长出来的果实，培养自控力，需要从"心"出发。"心"可以是态度，也可以是想法。本章将介绍一些容易实操的方法，让自驱力大树硕果累累。

第 一 节

行为自控

——沟通五步法，让孩子感谢你的批评

轩轩早上一起床就想看电视，妈妈不让看，孩子很生气。为此妈妈也很恼火，但还是故作平静地问："阻止你看电视，是我错了？"轩轩恼怒的眼神表明了态度……

面对这种情况，可以使用沟通五步法帮助孩子学会行为自控。

一 让孩子说出心里话

与闹别扭的孩子沟通，容易走进误区，变成说教讲道理，这种方式不但无效，还容易影响亲子关系。怎么让孩子听进去建议呢？首先，得让孩子说出心里话。孩子每个行为的背后，都有自己独特的思考逻辑，如果不了解孩子的真实意图，想解决问题比登天还难。所以，引导孩子说出心里话，矛盾就已经化解了一半。

案例中的轩轩是这么想的，他觉得认真读书，就应该得到奖励，有了奖励才有更大的前进动力。单看这个逻辑是没有问题的。

在这件事情上，轩轩觉得看电视或玩电子产品是一种奖励的方式，得到即时满足，既开心又放松。

说到看电视或玩电子产品，相信不少父母会谈"玩"色变，父母非常了解沉迷电视、电子产品的危害，既担心影响孩子的视力，还担心孩子因沉迷而做出出格的行为等。但小小年纪的孩子哪懂这些道理，在双方没有达成共识之前，矛盾只会继续升级，不管父母如何解释，孩子都未必能听得进去。

在与孩子开启有效沟通之前，有一个小技巧是父母一定要知道的——父母能否不带情绪地与孩子沟通，决定了孩子说出心里话的程度。正确的做法是，父母要冷静面对，并跳出矛盾事件，从局外人的角度引导孩子表达自我，这可以更好地化解矛盾。

二 先共情，并表达自己的想法

孩子愿意说出心里话后，妙用同理心拉近彼此的距离，深入了解孩子的内心想法，为让孩子听得进建议做铺垫。在此之前，需要澄清一点，理解孩子不是要让父母认错，也不是丢父母的面子。理解孩子，是站在孩子的角度，替孩子说话，孩子要的只是一句"我懂你"。让孩子知道，父母不是与他对立的。孩子会对父母能进入他的内心世界而感动。

与孩子共情后，切忌急于讲大道理，不然刚融化的冰会再次冻结。父母表达想法的时候，需要多些耐心，从孩子关心的话题出发，找到孩子愿意听的点，再慢慢引入这次矛盾事件，并进行分析。

案例中，妈妈了解轩轩的想法后是这样处理的。

> 妈妈："你认真上课和写作业，这些我都看在眼里，这些方面你的确做得不错，你的努力我都看到了！"
>
> 看到轩轩的表情变化后，妈妈才开始表达自己的想法："但是，你是学生，这都是你该做、必须做的事情，不是吗？再说了，你聪明的脑袋，不是应该用在优秀的方面吗？"

三 正反举例，论证观点

举正反例子，最好的方法是从孩子的角度看问题，并用反问的方式，让孩子自己做判断，帮助孩子厘清思路。同时，还能培养孩子的辩证思维能力。这是教会孩子三思而后行的重要环节，需要父母平时多与孩子交流，帮助孩子积累正反例子的素材。在独自面对挑战时，孩子能做出正确的决策。

对于正面例子，引用名人案例或身边的案例最合适，可以挑出重点，并结合孩子当下年龄的理解力，用简洁的语言描述论证，他才能理解父母的意图。若讲得深奥了，孩子可能会出现"左耳进右耳出"的现象。对于反面例子，最好选择与正面例子相对的事件，可以是社会上的负面事件，也可以是与孩子一起经历过的事情。

而且，正反例子的选择要有明显的反差，因为在孩子的世界里，不是黑就是白。所以，在例子选择上，要有对与错的本质区别，这样更容易引导孩子做出正确的选择。下面是轩轩妈妈的举例，孩子一听就懂了。

> 妈妈："你知道吗？我小时候的偶像就是我的哥哥，在我年纪很小的时候，我就看到哥哥勤奋读书的样子。后来，我的哥哥成为我们家的第一位大学生。他的成就与他的勤奋刻苦分不开。你会把舅舅当作榜样吗？"
>
> 儿子："原来舅舅这么厉害！"
>
> 妈妈："有人沉迷网络游戏后，为了上网不惜代价进行偷窃等违法行为，最后断送了自己的前途。这样是不是太可惜了？"
>
> 儿子："是啊，怎么能这么不理智呢？"
>
> 妈妈："你会选谁作为你的榜样呢？选不同的路，肯定会有不同的结果。"
>
> 儿子："我要向舅舅学习，我也是大哥，我也要做弟弟们的榜样！"

在举例过程中，最关键的是要随时关注孩子的注意力是否停留在双方的沟通上，通过观察孩子的表情变化，控制描述事情的细节度。

四 引导孩子判断是与非，并表达想法

逐步引导孩子做出正确的判断后，需要让孩子表达自己的想法。这一步非常重要，引导孩子用嘴巴说出想法，是强化思考的行为。如果不把想法和选择说出口，存在大脑里的只是一个简单的记忆，这份记忆很快就会被遗忘，这次沟通的效果就会大打折扣。用嘴巴说出来，更是一种承诺，让孩子重视自己的信誉。

孩子作出判断和选择后，还有一个技巧可以参考。孩子年龄虽小，但自尊心很强，父母一定要学会这一招——给孩子戴上一顶"聪明人"的帽子，然后强化正反例子在"聪明"的用法上得到的不同结果与影响，并让他做出选择，最后加一句："你要感谢我，在你即将走上弯路的时候，我用心良苦地警醒你，并把你拉回正轨，让你聪明的头脑，有机会创造更多的发明……"

孩子听到这句话时，内心是充满力量的，会很感谢父母。一方面，这句话肯定了孩子；另一方面，给予孩子一个向往的未来，从而引导孩子往好的方面发展，在有可能走弯路的时候，这股力量可以把他带回正道，因为他在此刻已经对未来作出了选择。

五 温柔而坚定地立规矩

从轩轩生气到感谢的情绪变化，可以看出，轩轩妈妈从理想这一角度切入，帮助轩轩树立更高的目标，用目标指引轩轩的行动，从而培养了孩子的自控力，达到培养内在自驱力这一目的。

沟通完成后，父母还要趁热打铁地立规矩。

> 轩轩妈妈启发轩轩思考如何高效利用早上的时间，引导轩轩说出更多的选择，比如读书、阅读、做练习等。让孩子自由安排，但不能看电视，这是约定的原则与界限。

在立规矩的过程中，怎样才能让孩子更容易遵守规矩呢？给父母的建议是商量。

商量是彼此平等地说出自己的想法，互相讨论，最后达成孩子能做得到的约定。把握原则性界限后，尽可能把最大限度的主动权交给孩子自由支配，这样既尊重了孩子的选择，又给了孩子管理自己行为的机会。父母不可能陪孩子一辈子，越早把主动权交给孩子，孩子的犯错成本越低。而且，不用过度担心孩子犯错误，犯错是非常棒的人生经历。每次犯错时，父母要正确培养孩子分析原因、总结经验、锻炼解决问题的能力，这能让孩子内心更强大，遇事不慌，处事淡定。

商量并约定是教导孩子行为自控的有效方法。例如，与孩子约定，在发脾气的时候，给对方倒杯水，这可以分散负能量的注意力，让当事人有缓解当下情绪和反思失控行为的机会。有了方法后，孩子的行为自控能力可以渐渐培养起来。

> **小练习：定制你的沟通金句**

如果孩子敢怒不敢言，把情绪憋在心里，长期下去会埋下隐患。所以，父母要引导孩子把情绪宣泄出来。让孩子说出心里话的方法有很多，比如正面引导法、拥抱共情法、激将法、引起注意法、幽默法等，只要能让孩子说出心里话，都是好方法。

那么，这些方法可以用在哪些场景呢？

1. 正面引导法

对于比较乖巧的孩子，或者是宣泄完大部分情绪后继续小声哭泣的孩子，使用正面引导的方法最合适，既让孩子有"下台阶"的机会，又让孩子有表达委屈的机会。可以这样说：

"把不开心说出来，会感觉好一些。"

"爸爸 / 妈妈有说错的地方吗？请你告诉我。"

2. 拥抱共情法

当孩子大哭不止，还用恳求的眼神看着你时，一定不要拒绝孩子，给他适当的肢体语言，让爱包围孩子，有爱的孩子才有力量。边拥抱孩子边说：

"来，让妈妈抱一抱我的宝贝，告诉妈妈为什么不开心。"

"我的宝贝不开心，是我说错什么了吗？你要告诉我哟！"

3. 激将法

对于比较叛逆的孩子，满脸写着"怒气"，可以用激将法让他大声说出心中的委屈，以发泄不满。这样跟孩子说：

"敢怒不敢言，算什么男子汉！"

"你说不出我的错，证明我说的没错！不然，我错在哪？！"

4. 引起注意法

如果上述方法都无法让孩子开口回应，你可以先整理自己的情绪，把自己抬高一个层次，再跟孩子说：

"停！我不希望你是一个不敢表达自己的人，我不想你以后吃不敢说话的亏！"

"你再不说，我就要开始说我的想法了。那么，你就没有反驳的机会了！"

5. 幽默法

幽默法，可简单理解成正话反说，制造意外感并释放压力。如果你不赶时间，而又想给孩子展示高情商的一面，使用幽默法可以让孩子哭笑不得：

"看来，我的宝贝已被'小魔怪'控制了，说不出话了！"

"来，笑一下，让妈妈知道你还能说话。"

让孩子说出心里话的方法有这么多，你会选择哪种方式呢？参考以上方法，写出你的沟通金句，当遇到类似矛盾时，能快速走进孩子的内心。如果以上方法不够用，搜索微信公众号"梁幻馨"，输入关键词"沟通金句"，100 条常用的亲子沟通金句送给你。

你的沟通金句：＿＿＿＿＿＿＿＿＿＿＿＿＿＿＿＿＿。

第 二 节

习惯养成
——降低作业干扰，简单四步高效完成作业

小志刚放学回到家，就被妈妈催促着写作业，小志不但不理会妈妈的嘱咐，还经常跑出房间，不是喝水、上卫生间，就是吃零食、看电视。妈妈批评他，他还反驳说："总是叫我写作业，有没有新意？"看到儿子如此表现，妈妈非常担忧。

你有没有发现，每当批评孩子不专心完成作业的时候，他真的很生气。他的专注力和自控力真的这么差吗？才不是呢！他看电视的时候可专注了。那怎么办呢？

通过以下四步，可以培养孩子的良好习惯，帮助孩子高效专注地完成作业。

一 先满足孩子的需求

孩子在什么时间写作业最好呢？是在晚饭前还是晚饭后？如果是晚饭前写作业，在学校度过一天的他，体力和精力都被消耗了，若不放松紧张的心情、缓解劳累的身体或吃点东西垫肚子，孩子就会变得心浮气躁，难以专注于写作业。如果是晚饭后写作业，又可能因为血液主要流向消化系统，导致大脑供氧减少，使

得孩子难以集中注意力。以上情况都不是最适合写作业的状态。

要让孩子专注高效地完成作业，先要满足他合理的生理需求。例如，适量地喝水，减少在写作业时上卫生间和喝水的次数；不要让他饿着肚子，可以在晚饭前吃一些水果或小点心，但不要过度，以免影响晚餐食欲；养成写作业前排空膀胱的习惯，减少走来走去的频率等。

这些生理需求可以在清单上列出，并培养仪式感，在孩子开始写作业之前，花一分钟时间给已经完成的任务打钩。同时，给孩子心理暗示："该做的事情已经完成，接下来要专心完成作业了！"这样不仅可以帮助孩子更好地保持专注力，也能让他更加自律，提高效率。

二 列出作业清单并分类，估算完成时间

老师通常在放学前把当天要完成的作业写在黑板上，孩子把作业记录在作业登记本上，这就是作业清单。为了更好地管理作业清单，可以提前教孩子按照清单体的格式工整地记录每项作业，以减少重复登记带来的麻烦。

如果不提醒孩子按清单体格式来登记作业，孩子可能会把所有作业平铺直写，没有分行，导致写作业时对作业总数不太清楚，容易漏写作业。因此，一定要注意这些细节并耐心指导孩子。在此过程中，有一个重要的技巧——先放下烦躁的情绪，再去辅导

孩子。在培养孩子习惯的过程中，需要把孩子当成一张白纸，不要因为他没有按照你的想法去做，实际上你并没有教他这样做而批评他，这样会打击孩子的自尊心，让他感到委屈。

此外，在登记作业时，要留出空余的位置，可以用来备注，也可以分类、估算完成时间等。建议使用作业清单模板（见表1–1），或让孩子自己设计作业清单模板。

表 1–1　作业清单模板

完成请打"√"	科目/序号	逐项作业	难易程度☆☆☆	预计完成时间（分钟）	备　注（写/读/背诵）
	语文				
	1.				
	2.				
	数学				
	1.				
	2.				
	英语				
	1.				

可以按照不同的方式，对作业进行分类。进行分类时，不仅可以采用单一方式，还可以结合多种方法，并使用不同颜色的笔来标记，使分类更加清晰。下面介绍三种分类方法的应用。

1. 科目分类法

将作业按照科目进行分类，比如数学、语文、英语等，方便孩子在写作业的时候更快速地找到需要完成的作业。

其实，将不同科目老师布置的作业依次抄下来就能完成科目分类。只需要提醒孩子，在每个科目前加上对应的科目名称即可。为了让作业更加直观明了，还可以使用彩笔在科目名称上涂色，这可以让不同科目更加清晰可辨。这种做法简单易行，而且可以帮助孩子更有条理地完成作业。

2. 内容分类法

将作业按照书写、阅读、背诵等方式进行分类，方便孩子更好地处理不同类型的作业。

对于书写的作业，孩子需要安静的环境。最好是找到足够的整块时间进行。例如，在自习课或者回到家后的作业时间里完成。

对于阅读或背诵的作业，可以利用碎片时间来完成。例如，课间休息、等待接送、回家路上，或吃完饭还不想动笔写作业的时间。这些看似无用的时间都能被有效利用，父母需要教会孩子时刻保持学习的状态。

利用碎片时间的步骤：

（1）把读或背的课文、词语、单词等，写在多张小纸条上。

（2）根据每份碎片时间的时长，分配读或背的任务。

（3）每份碎片时间里，集中精力完成一个任务。

（4）完成任务后，打钩标记。

举例说明使用方法：

（1）背诵单词。课间休息期间，在一张小纸条上列出三组要背的单词。回家路上，就可以拿出这张单词纸条，只完成这一张纸条的任务。

（2）读课文。在小纸条上写下每份碎片时间要读的段落。例如，吃完饭却不想写作业时，就可以拿出这张读课文的纸条，翻到书上对应的页码开始读课文，直到达到准确且流畅的程度。

完成每个任务后，要及时打钩标记，这对于孩子来说是一种视觉方式的积极反馈，可以促进孩子更积极地利用碎片时间，让他更愿意坚持使用这些好方法。

3. 难度分类法

这种方式是将作业按照难度进行分类，比如易、中、难等级别，以此帮助孩子更好地了解对知识的掌握程度。

作业是对当天学习内容的巩固，对于每道题目，孩子都可以评估出它的难易程度、解题步骤以及完成时间。据此，可以将作业分成三类：①很简单，一看就懂；②不难，需要耐心书写；③很难，需要帮助。按照这个难易程度，可以设定：①是一颗星，②是两颗星，③是三颗星。

作业的难易程度决定了每项作业的完成时长。让孩子根据难易程度来估算完成时间，这有助于降低孩子对难题的畏难情绪。

孩子标记好难易程度后，父母可以在旁边进行正向引导，以下是参考语句。

● 很简单，一看就懂。难度：一颗星

"哇！老师肯定低估了你的能力，布置了这么简单的题目，我相信你肯定可以又快又准地完成作业。完成这一题，你大约需要多少分钟呢？"

● 不难，需要耐心书写。难度：两颗星

"老师很了解你的学习能力，所以出了这道不太难但需要耐心思考的题目。写作业的时候，要认真读题，标出已知条件和题目要求，这个步骤很重要，可以提高准确率，做完之后再检查一遍。既然这道题的作用是巩固复习，可以尝试多想几种解题方案，这会让你变得更聪明哦！你估计需要多长时间可以完成这道题呢？"

● 很难，需要帮助。难度：三颗星

"老师对你的学习能力评价很高，所以出了这道有挑战性的题目。你觉得难吗？没关系的，老师相信你经过思考后，肯定能完成它。完成作业后，总结你的解题思路，这对于接下来的考试会很有帮助的。平时多练习和解说题目能力，是考高分的秘诀哦！"

孩子对不同难度的题目有了积极的心理暗示之后，写作业时就能降低情绪对专注力的影响，大脑能更集中精力完成作业。在此过程中，父母的正面引导对孩子的积极心理暗示非常重要。完成本节练习题，多积累正面引导的素材，不仅可以用到作业引导上，还可以用到生活中的方方面面。

在与孩子沟通时，不仅要传达想要表达的内容，更重要的是赋予孩子能量。充满能量的孩子，更有动力去完成任务。孩子的行为自控力，就是从每次有效沟通中吸取能量并培养的。

三 设立奖励

与孩子完成作业分类并估算完成作业需要的时间后，就可以商讨奖励的详细情况了。在为孩子设立奖励之前，父母需要了解奖励可以分为两种方式，即内在奖励和外在奖励。

1. 内在奖励

内在奖励是不需要物质等外在激励即可自发地、高质量地完成自己制定的目标。例如，"每天叫醒我的是梦想！"内心有梦想、有追求的人，做事情就像装了马达一样，行动力非常强，向着目标一步一步地前进，达成目标就是对他最大的奖励。对于孩子来说，内在奖励更多在于成就感的建立。父母可以通过发现和肯定孩子的优点，以积极的语言、肢体动作等方式表达对孩子的赞赏和鼓励，来赋予孩子内在能量。

对孩子的内在奖励可以从多方面入手，比如赞赏、认同、倾听和赋能等。以下方法供参考。

● 发现孩子的优点并肯定

观察孩子的兴趣、特长和个性等方面，用积极的语言和肢体动作表达赞赏和鼓励，让孩子感受到自己被重视和认可。

● 培养孩子的兴趣

鼓励孩子参与他们喜欢的事情，提供资源和支持，帮助孩子成长并建立自信心和成就感。

● 倾听孩子的想法和意见

尊重孩子的选择，让孩子感到被尊重和理解，加强亲子沟通和情感交流。

● 赋予孩子主动权

让孩子参与家庭决策和规划，鼓励孩子自己树立目标并制订计划，同时引导他们时刻关注目标进展，并反思自己的行动。

● 提供情境化的学习环境

通过游戏、亲子互动等方式，为孩子提供情境化的学习环境和体验，让孩子从中学习和成长。这样的环境，让孩子更加愿意尝试新事物，并且更容易记忆和吸收知识。

这些方法可以帮助你建立更好的亲子关系，让孩子在成长过程中变得更加自信、有成就感，并且能够更好地面对生活中的挑战。

2. 外在奖励

外在奖励则是需要物质等外在激励才能推动孩子完成目标。

例如，"这个玩具是我想要的，我可以为了这个玩具而努力"。外在奖励既有利也有弊。对于社会阅历不丰富的孩子来说，需要理性运用。过于频繁或奖励的物质越多，容易造成反效果。孩子有可能沉迷于物质享受而误解了努力的初衷。

在设立奖励时，奖励孩子最想要的东西更为有效，能够激发孩子的动力。每次与孩子谈心时，可以从"你喜欢什么"开始聊，喜欢的内容可以是公园、科学馆、亲子活动、乐园等。一方面，这会让孩子进入愉悦的状态；另一方面，这也有助于孩子敞开心扉，与父母进行交流。

当你跟孩子聊完他感兴趣的事情后，一定要记得记录下来。你可以使用画纸、笔记本或日记等工具，这样双方就可以在一起查看。记录下来的内容可以作为孩子的愿望清单，这是维护和修复亲子关系的"神器"。

如果只是简单地向孩子提供物质奖励，这一招很快就不起作用了。因此，在完成作业和奖励之间，需要建立一个游戏机制，将完成作业比喻成游戏中的升级打怪，累计完成相应的作业量，就能通过对应关卡获得不同层次的关卡奖励，这里所体现的不仅是奖励的价值，还有对孩子努力付出的认可与肯定。孩子每次完成作业，都要给予积极的鼓励，哪怕只是一句简单的"你很棒"。如果担心经常夸孩子会词穷，可以使用我收集的 100 个鼓励金句，这是赋予孩子正能量的有效工具。搜索公众号"梁幻馨"，输入关键词"鼓励"，即可获得这 100 个鼓励金句。

要记住一点：批评和斥责只会让孩子想办法为自己辩护，甚至反过来谴责你；而鼓励则能让孩子与你站在同一立场。善用鼓励的语言，让孩子学会高情商沟通方法，不仅有利于家庭教育，也是培养良好习惯的一个重要途径。

为了避免一天奖励一次，三分钟热度后失去效果，可以以一周、两周、一个月为单位，建立游戏机制的奖励清单。建议参考奖励清单模板（见表1-2），调整作业清单和对应奖励，能让孩子保持新鲜感，还能逐步实现他的愿望清单。

表 1-2　奖励清单模板

家人的鼓励	日　期	作业量♥♥♥	作业清单	完成时间	备注：关卡层级

注：超额完成♥♥♥，准时完成♥♥，超时完成♥

第一关：_____♥，奖励：_____　第二关：_____♥，奖励：_____

第三关：_____♥，奖励：_____　第四关：_____♥，奖励：_____

当设立奖励时，视觉化呈现可以更有效地督促和鼓励孩子，而记录则是成功的关键。这份奖励清单需要孩子和父母共同完成，以实现互相监督。特别是，在"家人的鼓励"这一栏，即使只是画一个微笑或写一个赞，都可以成为孩子能量的源泉。最好的情况是，孩子登记了任务后，父母立即给予积极的反馈。

四 番茄钟见证

番茄钟是常用的时间管理工具，它可以被理解为完成一项任务所需的时间单位，时间长度根据任务难度而定。建议为孩子购买一个专门的计时器作为番茄钟，这样孩子可以亲自掌握着时间，对时间的感知在潜移默化中增强，同时也能培养孩子守时的良好习惯。

将番茄钟用在作业中，可以作为孩子完成作业的见证。将单项作业估算的时间设为番茄钟的时间长度，不仅可以提醒孩子专注地投入其中，还能培养孩子的专注力，一举多得。使用番茄钟可以帮助孩子更好地掌控时间，提高效率，具体方法可以参考第六章第三节。

培养孩子抗干扰的能力，需要长期坚持自律。培养孩子优秀的行为习惯，需要不断记录和改进。可视化的成果可以在孩子想要放弃的时候给予他最大的鼓励。所以，让孩子掌握自己的时间，从小培养自控能力吧！

小练习：定制你的积极引导金句

在帮助孩子完成任务的过程中，有多种方法可以采用，比如训斥、鼓励、引导、陪伴等。然而，在关注作业完成的过程和质量的同时，孩子的心理健康也非常重要。采用哪种方式，可以高效又明智地引导孩子完成作业呢？请完成下列判断题，答案将更加清晰明了！

　　□这道题这么简单你都要问我，真笨！

　　□我相信你可以又快又准确地完成这项作业，请相信我的眼光！

　　□你没听课吗？又不会做了？白上学了，不要上学了吧……

　　□老师的解题思路是怎样的？你可以教教我吗？说不定我听了老师的解题思路之后，能回答你的问题……

　　□你不会自己思考吗？总是问，动动脑筋行不行？

　　□我相信你回顾老师教的方法，并重新思考这道题，能找到解题的线索。你先大声朗读题目三次，并把已知条件标出来……

第 三 节

嗜好自控

——糖果不放纵，行为有克制

果果妈妈做完饭，从厨房走到客厅叫孩子吃饭，却被眼前的一幕惹怒了。果果把罐里的糖果全拆了，丢得满地都是糖纸，嘴巴塞满糖果。"吃这么多糖果，还吃得下饭吗？"果果妈妈心想。平时讲了很多遍吃糖果的危害，但果果还是不以为然。面对果果这个行为，真头疼。

孩子吃这么多糖果，一方面，可能是孩子真的很饿，出于本能地找食物；另一方面，可能是孩子已经对糖果沉迷。或许每次的原因都不一样，但是过量吃糖果的危害，怎样才能更好地让孩子从"知道"延伸到"做到"呢？进一步说，在幼儿园阶段，孩子还不能很好地对零食进行自我控制。那么，怎样才能培养孩子的自控力呢？

其实，不管是对糖果还是其他事物的嗜好，都可以通过以下三个方面来引导，帮助孩子培养自控力。

一 带孩子阅读绘本

阅读绘本，是一种事半功倍的育儿方法。直接跟年龄较小的孩子讲道理，往往难以让他们理解，并容易被嫌弃啰唆。上述孩子吃糖果的案例，用一本关于保护牙齿的绘本告诉孩子蛀牙的危害更具体。孩子可以通过观察插画和自己的牙齿更深刻地理解这个问题。同时，为了加深孩子的理解，建议选一本绘本多次阅读。孩子们喜欢重复，每次阅读都可以探索不同的点，帮助他们更好地成长。父母应该鼓励孩子去探索和发现更多的知识。

对于幼儿园的孩子来说，通过阅读绘本的方式，让孩子理解事情的前因后果，并引导孩子说出自己的想法和做法，可以帮助孩子控制放纵的想法。

为提升阅读绘本的效果，需注意以下细节。

1. 不急于翻页

绘本是留白艺术，图画比文字更突出。每一页都有其独特的寓意，都值得我们研究。带孩子阅读绘本的时候，每一页至少停留一分钟，仔细研究和思考每一页的内容，不仅能激发孩子的好奇心，还能培养孩子认真观察的习惯，同时锻炼孩子的口头表达能力。

2. 引导孩子表达自己的观察

优秀的绘本可以通过图画展示故事的线索。在选购绘本的时候，父母需要先考虑这一点。在引导孩子观察的时候，对故事中的每个人物所做的事情进行提问，并对其行为的原因、得到的结果等方面进行探讨。刚开始的时候，需要父母通过猜测的语气对人物的行为进行描述，给孩子提供模仿的样本，这是锻炼孩子语言表达能力的好方法。

3. 拿着实物一起阅读绘本

在阅读绘本的过程中，视觉除了有绘本外，还要有实体物品，听觉是通过孩子与父母互动的声音，触觉是孩子对实体物品的探索。通过视觉、听觉、触觉，三觉一起运用，可以加深孩子对故事内容的理解。

例如，希望孩子少吃糖果和保护牙齿，阅读绘本时可以把牙刷和透明胶带放在旁边。讲述糖果的危害时，可用透明胶带粘贴孩子的手臂，不舒服的感觉可让孩子理解牙齿的痛苦；讲述保护牙齿时，让牙刷轻柔地按摩手臂，舒服的感觉代表牙齿的欢喜。

4. 阅读结束后，引导孩子表达自己的观点

阅读完绘本，如果直接就结束当下的互动就实在太可惜了。其实，结束绘本后，还要做更重要的事情——引导孩子表达自己的观点。这不仅能培养孩子的思考力、记忆力、理解力，还能锻炼孩子的逻辑思维能力和口才。在这个时候，让孩子认可父母的观点是最容易的。

回到上述案例，阅读完保护牙齿的绘本，启发孩子说出糖果的危害及其与蛀牙的关系，并强调吃过量的糖果对大脑的不良影响，还要及时跟孩子商量糖果的合理食量与频率。最后，一定不能忘了对这件事的引申。例如，孩子对零食、饮料、玩具等的过度渴求，教导孩子怎样才是合理的范围，并建立正确的边界。

二 跟孩子玩角色扮演的游戏

有了阅读绘本的基础，再进行角色游戏扮演，孩子能更快进入游戏状态。孩子天生喜欢玩，通过游戏的方式教育孩子是最高效的方法之一，可以加深孩子的理解。

角色扮演游戏可以玩很多次，可以让孩子将绘本作为剧本来演，还可以让孩子改编绘本。一般是先照搬绘本，再简化绘本，并在玩的过程中加入更多的创意。用这个方法还可以培养孩子的创造力，既有趣又轻松。

设计剧本的时候，可以把所用道具、人物台词、动作细节、流程等内容写出来。游戏结束后，一定要跟孩子交流想法。建议使用游戏结束后的互动模板（见表1-3），因为游戏结束后的互动，能放大游戏的价值。

表 1-3　游戏结束后的互动模板

发言人	明确提问的目的，才能提出正确的问题	备 注
父母	从这个游戏中，你有什么想法/收获/启发呢 （开放性问题，了解孩子的思考层面和关注的点）	
孩子		
父母	你最喜欢/不喜欢哪个角色呢 （引导孩子说出自己的观点）	
孩子		
父母	做这件事情，有什么好/不好/正面/负面的影响呢 （升华对事件的观点）	
孩子		
父母	你会做这样正确/错误的事情吗？为什么呢 （帮助孩子提前预演这一类事情的思考过程）	

续上表

发言人	明确提问的目的，才能提出正确的问题	备 注
孩子		
父母	如果你遇到这个情况，你会怎么解决 （培养孩子三思而后行的习惯，以及解决问题的能力）	
孩子		
父母	你的分享太棒了！我相信你遇到同样的情况，能做出正确的判断。我相信你能很好地处理这类事情！加油 （赋予孩子肯定与鼓励）	
孩子		

孩子的某些行为可能与父母的认知相违背。例如，孩子无节制地吃糖，如果直接制止，可能会错过了解孩子内心的机会。正确的态度是关心并深入了解孩子，通过绘本或者角色扮演游戏引导孩子，这样才能更容易解决问题。然后，还可以从孩子喜欢糖这件事引申到其他话题，再共同探讨解决方案，并在此过程中帮助孩子建立合理的边界，培养孩子遵守规则和明辨是非的能力。

三 约定事物的边界

与孩子约定事物的边界，需要让孩子理解约定的意图，这样才能更好地践行约定。绘本和角色扮演游戏可以提高效果，及时与孩子做出约定会更加成功。约定边界就是立规矩，让孩子知道边界是什么，为什么要这么做，有哪些好处和破坏边界的影响，让孩子在这个过程中得到提醒与帮助。需要注意的是，孩子"知道"与"做到"是两码事，因为孩子年纪尚小，能力不如成人，而且孩子还会通过各种方式试探父母的坚持度。所以，约定需要双方共同努力，才能获得更大的成功。对于上述提问，下面进行拆解。

1. 让孩子知道约定的边界是什么

首先需要让孩子清楚地知道约定的边界到底是什么。例如，吃糖果的边界，一周吃两次，每次不超过三颗。在父母与孩子商量之后，双方都同意的情况下，这样的约定才视作边界。如果仅仅是单方提出，另一方不同意却又不敢表达不满，这样的约定注定难以长久。所以，双方同意并愿意遵守，是成功的第一步。约定边界后，还要把这项内容写出来，贴在孩子常见的位置，起到签约的效果，培养孩子的契约精神。

2. 为什么要这么做

给孩子讲原因，可尝试用清单体格式来阐释，这可以教会孩子条理清晰地表达心中所想。同时，通过模仿父母，孩子的口才也得到锻炼。

例如，约定吃糖果边界的原因有三个。第一，吃太多糖果，容易蛀牙，甚至引起牙痛，我担心你受不了这种痛苦，我会很心疼的。第二，过量的糖果会影响身体发育，我不想你的身体出现问题。第三，如果把花在吃糖上的时间和精力，用在更有意义的事情上，比如发掘你在美术、音乐等方面的潜力，那么你的未来会更充实和有收获。

3. 遵守约定有什么好处

根据孩子的年龄、兴趣爱好等，进行奖励。内在奖励与外在奖励要相结合，合理运用。重点奖励的是孩子真正想要的、有意义的心愿。

4. 破坏约定会产生什么影响

只有奖励没有惩罚的约定，不是好的约定。孩子会理解成约定可有可无，做到只是锦上添花，做不到也没关系。而且，这还会助长孩子破坏原则的"勇气"。设置惩罚时，要设定时限，而且是有效的惩罚，如果只是一句空话，是起不到效果的。

怎样的惩罚是空话？例如，"你不遵守约定就不喜欢你了"，这样的言辞可能会让孩子过度恐慌，或者直接忽略父母的话。这不利于建立父母的威信，也不利于拉近亲子关系。

怎样设置惩罚比较好呢？例如，"在一个周期内，你破坏一次约定，就会没收你最喜欢的玩具一天；破坏两次约定，就会没收两个心爱的玩具三天，并取消一次去游乐场的机会"，惩罚的内容是孩子关心的事情，利用厌恶损失的特性，让孩子感受到切身利益的损失，才能让孩子更愿意遵守约定。

5. 如何提醒孩子

提前做好约定，当孩子有破坏约定的意图或行为的时候，说一句提醒的话，做一个提醒的动作等。例如，约定拍肩膀、摸头发、拥抱等方式作为提醒，给予三次机会，机会用完后提醒的方式会升级。

6. 如何帮助孩子坚定地遵守约定

把孩子过度关注的事物，放在看不见的地方，不让孩子知道放在哪里，用物理方法做隔离。若孩子看见了，可以通过转移话题、玩游戏、阅读绘本、户外活动等方式，分散孩子的注意力。

> **小练习：让 5 岁的孩子听你的建议，哪些方法是可行的（多选题）**

小明喜欢吃雪糕，不管是家里现有的雪糕，还是通过哄老人买等方式，他总能吃上雪糕。而且，他每天至少吃一个雪糕，这真让人头疼。以下方法能有效达到控制孩子嗜好的目的吗?

☐ 家里没有雪糕存货

☐ 与小明玩雪糕与身体的剧本游戏

☐ 看到小明吃一次就打一次

☐ 不理不睬

☐ 跟小明一起阅读关于肠胃 / 身体方面的绘本

☐ 与小明约定吃雪糕的频率

专注培养

——玩具物尽其用，玩出专注新高度

朱朱家里的玩具堆满屋子，玩完玩具之后她却不肯收拾。每次外出，朱朱都吵着买新玩具，为了买玩具她还会答应各种条件，却从不履行诺言。朱朱的这些行为真让朱朱妈妈头疼。

你的孩子也是这样吗？如果知道玩具越多，专注力越低，你还会继续给孩子买玩具吗？玩具是如何影响孩子专注力的呢？

专注力可以简单理解成高效率地完成一件事情。专注力强的孩子，在做事、学习等各方面都表现得更优秀。孩子拥有的玩具越多，注意力就越容易被分散，专注力也很难得到提升。那么，如何利用玩具提高孩子的专注力呢？

从玩具物尽其用这方面入手培养孩子的专注力，通过以下四个步骤，可以轻松达到效果。

一 分类整理

在杂乱无章的桌面写作业，会分散孩子的专注力，导致写作业的速度变慢。但换成整洁的桌面，孩子的效率就会有所提高。同样，孩子所处的环境玩具过多，这些玩具会分散他的注意力，不利于专注力提升。

面对众多的玩具，需要做一次全面的分类整理。分类是第一步，也是最重要的一步。可以按使用年龄、体积大小、功能用途等方法进行分类。分类的过程一定要记录下来，笔记本或电子文档等形式都可以。记录是为了给孩子展示如何管理物品。建议让孩子参与分类整理的整个过程，哪怕孩子什么也不干，也要让他陪同观摩。

分享一个小技巧，一边整理一边自言自语地说出自己的思考过程，这可以锻炼孩子的思考能力。孩子是父母的复印件，孩子耳濡目染地模仿着父母的言行。如果孩子只是看到父母单纯地做事情，却不知道父母的思考过程，模仿的效果会大打折扣。相反，父母在行动的同时，自言自语地表达自己的思考过程，孩子会更好地理解事情的前因后果，并形成自己的思考逻辑。

在分类的时候，可以跟孩子一起探讨如何分类，孩子不一定能理解分类的具体含义，但解释和演示正是孩子学习的好时机。想从根本上解决玩具过多的难题，并提高孩子的专注力，让孩子参与并理解每个环节的原因和意义，是必不可少的行动。

断舍离

完成分类后，要进行断舍离。断舍离不仅仅是简单地整理玩具，更是生活的哲学。学会断舍离，孩子长大后更能做好精力管理，把 80% 的精力投入 20% 的正确事情上，以最少的时间获得最大的效果。

玩具是孩子的，要尊重孩子的意愿。可以通过简单的三个提问，让孩子学会判断并在实践过程中理解断舍离的哲学。

1. 这个玩具有什么用途

玩具是孩子探索世界的一种方式，引导孩子说出玩具的用途，是在考察孩子对功能的理解，更是对事物观察的升华。让孩子回忆玩的过程，是将眼前事物与过去事实结合在一起，可以调动孩子的记忆力。启发孩子思考更多的玩法，是在判断玩具的去与留。如果这个玩具已经玩得很通透了，那它的使命也就完成了。

2. 你能从这个玩具中学到什么

在孩子兴奋地讲述玩玩具的过程时，可以引导孩子侧重聊人与事这两个方面的话题。与谁一起玩这个玩具呢？玩的过程发生了什么有趣的事情呢？玩得开心吗？有什么收获呢？收获了友谊，还是解锁了更多新玩法呢？单人玩还是双人玩更开心呢？如果他觉得双人玩比较开心，还可以向团队协作这方面引导。通过聊天的方式，让孩子学习与伙伴相处的技巧。

3. 这个玩具还继续玩吗

这个问题是决定玩具去与留的关键点，如果孩子全部都说继续玩，都要留下来，就达不到断舍离的目的了。可以跟孩子约定留下玩具的标准。①是否完好。有缺口或损坏的玩具建议不留，以免缺口刮伤孩子。②是否还有新玩法未开发。如果玩具还有更多玩法没解锁，建议解锁新玩法后再舍去。③是否有纪念意义。如果玩具有特别的意义，是情感的载体，建议保留下来作为纪念。

筛选出要舍去的玩具后，在里面挑出完整无缺的玩具，询问孩子打算如何处理。提这个问题是避免孩子养成浪费的习惯。完整无缺但已经不玩的玩具，可以共享到公共区域的游乐区。例如，物业管理的共享小屋，跟小朋友们一起共享不同的玩具。

三 把玩具藏起来

为什么要把玩具藏起来呢？一方面是保持孩子对玩具的新鲜感；另一方面是在孩子玩玩具的时候，不会被其他玩具分散注意力。这跟"选择太多就没有选择"的道理是一样的。如果孩子在玩玩具的时候，眼前没有其他玩具，他更能专注于手上的这个玩具，从而能够专注地探索更多新玩法。深入的探索能让孩子进入心流状态，提高专注力。只有体会过心流状态的好，才能在学习上自发追求高度专注的状态。

把玩具藏起来，考验的是对家里可用空间的管理能力。可以跟孩子一起把玩具放入收纳箱，贴上标签，让孩子尝试安排玩具所放的位置。注意，收纳箱一定要盖上盖子或铺上遮挡布，这是把玩具藏起来的重要一步。

（四）每次只玩一个玩具

跟孩子约定每次只玩一个玩具，如果这个玩具不想玩了，需要先把玩具放回原来的地方，再去拿下一个玩具。如果孩子破坏约定，需要没收最喜欢的玩具一天；第二次破坏约定，就没收三天。这样做的目的是让孩子遵守约定。

遵守约定是培养孩子自控行为的重要练习。父母需要向孩子解释遵守约定的行为和破坏约定的行为。同时，要有一个心理准备，把孩子不理解约定这个事实，当作一张可擦的白纸。例如，今天给孩子解释并让他理解约定是什么，或许明天他就忘了。在此情况下，不能急于责备孩子，需要耐心地换一种方式给孩子再解释一遍。如果你只说一遍，就要求他做到满分，这个要求对孩子来说，实在太难了。如果仅仅因为你给孩子只讲了一遍，但他做不到就责备他，可能会让负能量跟随他。而且，孩子还可能对约定产生抗拒，这与培养孩子行为自控的目的相违背。

可以通过讲故事、聊天分析案例、剧本游戏等方式，让孩子对遵守约定留下深刻的印象。在这三种方式里，剧本游戏的效果最好，是让孩子体验角色互换的好方式。可以把平时他不遵守约定的场景，通过游戏重新演绎一遍，同时设定一些条件。例如，在平时，妈妈原谅了不遵守约定的他，但在游戏中，设定的条件是妈妈不原谅他，并对他大发雷霆，即让孩子通过扮演游戏中愤怒的妈妈，批评不遵守约定的自己，来理解不遵守约定的后果。

　　游戏结束后，一定要跟孩子进行交流，与孩子一起探讨遵守约定的好处与不遵守约定的后果，让孩子从两者中作出选择。剧本游戏源于生活，对其灵活使用，可以帮助孩子树立正确的"三观"。

≣ 小练习：绘制玩具玩法导图

　　玩具有多种玩法，可通过导图进行头脑风暴。之所以用导图，是因为一方面通过导图，可以对玩具的分类有一个直观的了解；另一方面可以培养孩子的发散性思维。导图有很多类型，可以从简单的二级目录开始分类，标注每种玩具的位置，并以不同的导图结构展现分类方法，鼓励孩子发挥想象力。

　　此外，可以定期调整玩具位置，按照不同的方法分类，提示孩子同一个问题有多种解法，鼓励多角度思考。每次调整制作导图，可以引导孩子自己命名并丰富内容，从二级到三级或四级目录，深入思考解题方法，培养深度思考能力。具体可以参考以下导图。

1. 思维导图

　　思维导图是常用的方式，把主题、主脉、分支等写出来就完成了。在应用方面，可以把主题写成放玩具的柜子，一级目录描述玩具放在这个柜子的具体位置，二级目录描述不同位置所放玩具的样子、功能、玩法等，可用图画或者文字形式呈现，具体如图 1-1 所示。

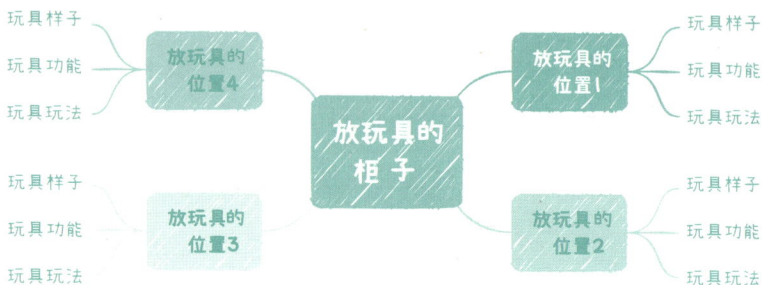

图 1-1　思维导图示例

2. 组织架构图

组织架构图是从上往下写的一种方式。孩子使用这种架构图，可以清晰看到每个分支包含的内容。在应用方面，可以让孩子把自己想象成动物园的管理员，按不同年龄段分类玩

图 1-2　组织架构图示例

具，并把玩具比作动物，一级目录写动物柜子的位置，二级目录写玩具对应的年龄段、名称、玩法，如图 1-2 所示。玩完玩具后，把玩具放回原来的位置，代表动物回到自己的家。通过有趣的方式让孩子养成收拾玩具的习惯。

3. 单向导图

单向导图其实与组织架构图类似，只不过它是横向的。单向导图就像一个大喇叭，把玩具按用途分类，写在一级目录里，二级目录写上玩具的位置、对应的年龄段和玩法，具体如图1-3所示。

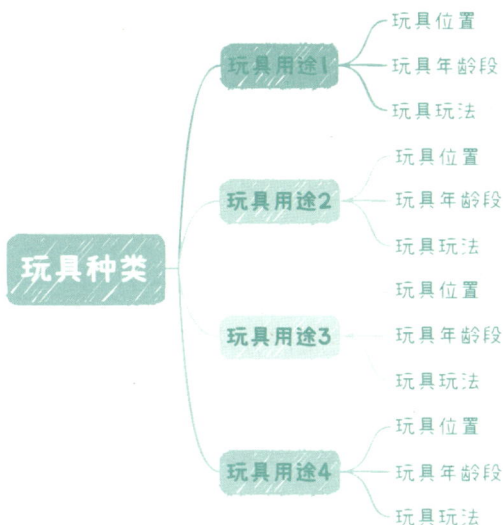

图 1-3 单向导图示例

4. 树状图

树状图可以发挥孩子的想象力，把玩具按不同年龄段进行分类。可以把一个年龄段的玩具画成一棵树，不同年龄段的玩具就用不同的树来表示，这就是主题。一级目录描述玩具的种类，二级目录用图画的方式描述玩具的功能或玩法。若手绘，可以画成一棵大树的样子；若用软件制作，可参考树状图示例（如图1-4所示）。

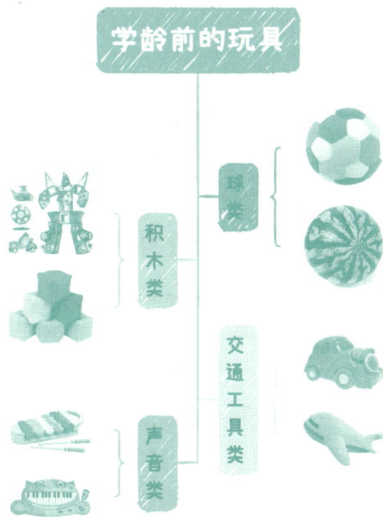

图 1-4 树状图示例

5. 圆饼图

圆饼图不一定只分四个模块，还可以分成不同数量的模块。圆饼图可以作为一个玩具转盘，给孩子制定一个抽奖的主题，完成任务可在转盘里抽奖。中心的小圆写上抽奖这个主题；中号圆是一级目录，写

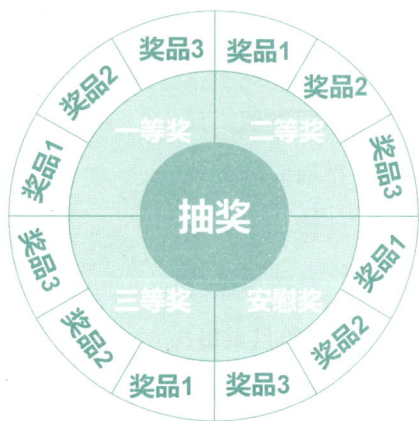

图 1-5　圆饼图示例

上一等奖、二等奖、三等奖等；大号圆的格子写上孩子喜欢的玩具，并标记玩具所放的位置，具体如图 1-5 所示。奖励是孩子完成任务的动力之一。可以每隔一段时间更换二级目录的内容，以保持孩子的新鲜感。

6. 鱼骨图

鱼骨图把玩具作为一条故事线来呈现。在应用方面，在鱼头选择剧本，在鱼骨身听故事和回答问题，在鱼尾领取任务并完成后即可通关，获得相应的奖品，具体如图 1-6 所示。例如，孩子帮忙做家务，完成家务后，再奖励盲盒玩具，猜测奖品这个环节能让孩子兴奋不已。

图 1-6 鱼骨图示例

7. 阶梯图

阶梯图适合以玩具数量的多少进行分类。把玩具分类并筛选后，每一类的玩具数量不一样。数量较多的玩具种类名称，写在阶梯的下端；数量较少的玩具名称，写在阶梯上端，具体如图 1-7 所示。

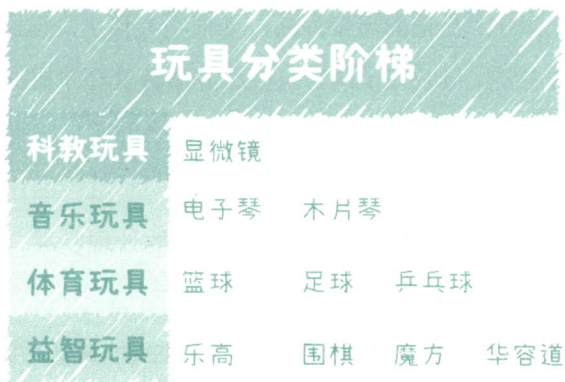

图 1-7 阶梯图示例

鼓励孩子发挥想象力，创作出更多不同结构、不同类型的导图。每一张导图都可以变成一个小故事，启发孩子讲故事，不仅可以锻炼孩子的口才和逻辑思维，还会对写作有帮助。

语言自控
——吵架有界限，情商看得见

> 扬扬和奇奇是同胞兄弟，他们经常一起玩，但又经常吵架。一个周末，扬扬找到丢失很久的玩具枪后兴奋不已。正当玩得高兴时，眼红哥哥玩得开心的奇奇抢过玩具枪，还试图推倒扬扬。扬扬非常生气，就和奇奇大吵了一架。

在玩耍的时候孩子们也许会吵架，这样的场面是很常见的。但吵架背后，实际上是情商需要提高。如何培养孩子高情商地处理吵架问题？这需要父母教孩子语言自控，并掌握处理矛盾的能力。

孩子掌握语言表达能力是为了表达自己的需求，而不是伤害别人。有些孩子没有掌握沟通技巧，在吵架时就容易用语言伤害他人。所以，培养孩子语言自控、高情商地处理吵架并提升处事能力，成为父母应掌握的重要知识。

怎样培养孩子语言自控呢？在矛盾发生前、发生时、发生后，有不同的方法供参考。

一 矛盾发生前

孩子难免会因小事与同伴产生矛盾。闹矛盾、吵架是概率事件，如果抱着逃避的心态来面对矛盾，可能会让孩子对吵架产生恐慌，遇到吵架的时候，可能因为胆小而不敢据理力争，也可能因为强势而口不择言。这都不是父母想要的结果。既然不能选择逃避的心态，就要教育孩子坦然接受、从容面对矛盾。还可以通过游戏模拟吵架情景，提前预见与体会，并降低不良影响。

玩吵架游戏，需要先设定剧本，选择强势和胆小两个角色，并以玩具争吵为情节。游戏需要玩两遍，让孩子分别担任不同角色，台词可自由发挥，父母也可以提前准备。如果孩子不认字，父母可以口头指导，或示范表情、语气给孩子，指导演绎。

剧本演绎的小技巧：饰演强势的角色时，让孩子站得比对方高，这样更能体会强势者的内心视觉，并让他判断这种待人方式是否正确；饰演弱势胆小的角色时，让孩子蹲下来看着对方，默不作声地感受语言的冷暴力，这可让孩子肯定不能仗势凌人的想法。同时，父母要给孩子力量，鼓励他不卑不亢。

游戏结束后，与孩子进行交流，简单评价不同角色的行为和语言。询问孩子在现实场景中，是否会选择该角色来解决问题以及选择的理由，并讨论如何更好地处理矛盾。

同时，让孩子知道哪些话可能会伤害别人，提醒他们不可以在吵架时说出这些话或做出伤害他人的行为。父母可以和孩子一起列出伤人的话，并告诉他们这些言语的不良后果。如果孩子犯了这个错误，可以通过让他们体验别人的感受，来教育他们如何尊重他人。

二 矛盾发生时

若遇到孩子正在吵架，这是训练语言自控的最佳机会。父母需要保持中立，以理服人，不能偏袒。重点引导孩子厘清前因后果，不急于下定论，更不能给对方贴标签。

让孩子明白，只要吵架，双方就都有责任；无论谁错，双方都需要道歉。而且，道歉分为两个阶段。第一阶段，是对吵架时的语气、语言、行为进行道歉；第二阶段，是对吵架的原因和过错进行道歉。

1. 第一阶段

第一阶段道歉是素质与情商的体现，父母的引导不可或缺，因为孩子有可能并不知道这一关键点。第一阶段需要双方都道歉，以缓解愤怒情绪，避免矛盾激化。所以，吵架时是教育孩子的好时机，不要害怕孩子犯错，经一事长一智，重要的是帮助孩子从犯错中成长，教会孩子处理冲突。

完成第一阶段道歉后，把孩子物理隔离，分别沟通。例如，一个孩子在客厅，另一个孩子在房间。让后沟通的孩子喝水或者做自己想做的事情，目的是平复他的情绪，但需要跟他强调等他情绪恢复平静后，会跟他单独沟通，以免让他觉得不受重视。然后，跟先沟通的孩子交流，询问事情的起因、经过、结果，帮助孩子分析吵架原因、错误行为的动机、由错误行为导致的后果。孩子有可能隐瞒自己的错误行为，但要记住，父母只是倾听者，不对孩子所说的事情进行批判或纠正，更重要的是探索孩子的内

心需求。在探索孩子内
心需求时，建议使用简易冰
山模型（简易冰山模型是
依据萨提亚的冰山模型进
行简化的，具体如图 1-8
所示），进行分析。孩子
的行为是冰山模型的裸露
部分，但行为的内在原因
是冰山的深藏部分，这是

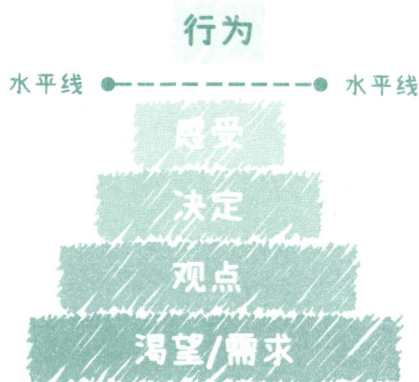

图 1-8　简易冰山模型

父母在倾听孩子描述事件前因后果时要进行探究的内容。

　　在跟孩子聊天的时候，自上而下地探索孩子的内心想法，同时引导孩子对行为及其背后的原因进行分析。

　　下面根据冰山模型，对弟弟奇奇的行为做简单的举例。

　　行为：直接抢了哥哥正在玩的玩具枪。

　　感受：很想玩。

　　决定：抢过来，自己玩。

　　观点：哥哥玩了很久，我没玩过，我也想玩，我也是妈妈的孩子，为什么我就不能玩？

　　渴望、需求：我渴望抢到玩具枪，因为自己一个人玩很无聊，希望跟哥哥一起玩。

　　跟孩子单独沟通时，可以按上述步骤帮助孩子分析他的真正需求，引导他跳出自己的角色，用局外人的角度判断自己行为的正确与否，做得好的行为给予表扬，做得不好的行为提出建议。通过父母的沟通与引导，孩子形成自己的判断能力。让孩子站在局外人的角度评判自己的行为，有利于培养正确的是非观。

2. 第二阶段

跟孩子分别沟通结束后，要让孩子们互相道歉，这是第二阶段的道歉。道歉的时候，引导孩子描述自己的错误行为、行为的原因，以及改正的方案。双方道歉后，让孩子们握手言和。还可以把整个过程记录下来，让孩子通过图画、日记等方式记录所发生的事情。

针对弟弟奇奇的行为，可以这样道歉：

> "哥哥对不起，我看到你玩玩具枪很开心，我也很想玩，但我没有经过你的同意就直接抢过来，让你不开心，是我的错，希望你能原谅我。咱们可以一起玩吗？"

孩子习惯了有前因后果和解决方案的道歉后，以后再遇到与自己意见不同的人，他可以用正确的方式描述对方的行为，以及礼貌地表达自己的观点，而且让对方听起来很舒服，这是培养孩子高情商的好方法。

三 矛盾发生后

得知孩子吵架后，需要引导孩子进行反思，探讨更好的解决方案。这是复盘不是责备，否则孩子可能会逃避沟通，从而难以达到反思效果。

孩子的情绪来得快走得也快，当矛盾化解后，孩子很快就把吵架这回事忘了。当父母问起吵架的事情，或许他们还能笑着描述当时生气的情景，这时父母也可以用同样的方式与孩子笑谈吵架，并向孩子提问："下次遇到同样的事情，你会怎么做？"

沟通完之后，要跟孩子强调："你们依然是好朋友（好兄弟、好姐妹），小小的吵架不会影响你们的感情，下次再遇到同样的情况，谁先道歉，证明谁心里更爱对方。你们今天的吵架，双方都道歉了吗？如果还没有，现在马上跟对方道歉，还要加上一句'我们还是好朋友'。"

对于孩子闹矛盾，先让他们自己尝试解决，父母在必要时才参与协助。吵架是成长的机会，可以培养孩子化解冲突的能力。

小练习：阅读提高情商和沟通能力

● 推荐父母阅读的书单：《非暴力沟通》《关键对话》

在阅读这些书的时候，可以把孩子之间或亲子之间的沟通场景套入书中，用书里的方法解决实际问题，并把阅读心得、解决困难的方案，改编成小故事跟孩子分享。孩子不一定能读懂有深度的书，但并不妨碍父母理解后跟孩子做分享。

● 推荐孩子与父母一起阅读的书单：《红发安妮》

书中的主人公安妮是一位脾气有点急的小姑娘，虽然没有父母的呵护，但她依然热爱生活，用浪漫的想象力化解了生活中的困难，还让讨厌她、取笑她的人变得欣赏她。孩子或许会像安妮那样脾气有点着急，通过与孩子阅读这本书，讨论安妮的内心想法、做事方式，并借鉴好的方面，扬长避短，让孩子多一个处事的参考方式，并从中学习各方面的能力。与孩子一起阅读文学作品，有助于塑造孩子正确的价值观，而且带来的收获比父母单纯讲道理的效果更好。

● 推荐孩子阅读的绘本：《小猪佩奇》

这部作品有绘本和动画片两种形式。如果是让孩子看动画片，则需要控制观看的时间。

为什么推荐《小猪佩奇》呢？

因为这部作品符合 2~5 岁学龄前儿童的心理特征，作品有意识地描绘出各个年龄段孩子的不同特点，孩子在看这部作品时，就像看到自己一样。而且，这部作品刻画的每个角色都有优点和缺点，能够让孩子明白，把大家维系在一起的力量不是完美，而是爱与包容。

欣赏这部作品的同时，可以将其作为剧本，跟孩子一起演绎这部作品，因为作品中提供了很多符合孩子心理特征的有效沟通方法，演绎一遍有助于模仿这些做法。

以上是针对不同场景所推荐的书单，欢迎大家搜索公众号"梁幻馨"，加入幻馨的好书共用读书会，大家的阅读分享可以鼓励更多人以爱与包容的方式对待孩子，并潜移默化地影响孩子。

▲ 状元笔收纳盒

制作提示：

沿边框裁剪，白色部分为粘贴区域。

状元笔

这是我送给孩子的第一份礼物：状元笔收纳盒。
期待良好的自控力助力孩子考取好成绩！

第二章

培养独立思考力

　　在当今社会，培养孩子的独立思考力非常重要。独立思考力就像大树的树干，把营养输送给树枝和树叶。培养独立思考力很难吗？并不是的。本章将介绍一些方法，只需要父母了解之后，并在与孩子相处时多想一步，即可取得事半功倍的效果！

第 一 节

独立完成
——不陪孩子写作业，三句话拒绝不思考的娃

平平刚刚升上四年级，作业的数量和难度都大大增加了。他还没适应这种新的学习状态，每晚写作业都很拖拉，面对不懂的题目更是懒得动脑筋。这天晚上，平平又遇到了一道难题，他拿着作业本找到妈妈，说："妈妈，这道题我不会做，你教教我……你不教我就不做了！"

平平在写作业的时候总想依赖父母、老师、同学，遇到需要思考的题目就放弃，只想有人直接告诉他答案。特别是，如果父母不帮他解答，还以哭的方式来要挟。遇到这种情况，你会怎样解决？

培养孩子独立思考的能力需要技巧，分享三句话，可以让孩子积极面对困难。

一　把你遇到的困难从头到尾讲述一遍

孩子是拥有无限潜能的，但孩子的潜能释放需要鼓励与点拨。在面对孩子遇到难题而且不想思考的情况时，父母应当成为鼓励与点拨孩子的引路人，而不是直接给出答案。如果对孩子的请求置之不理，或者冷冰冰地把孩子拒之门外，孩子可能会被情绪困扰，更加难以把精力集中于思考题目上。

在孩子向父母求助的时候，孩子可能已经把题目思考了一遍，但发现题目的难度比想象中要大，就产生逃避的想法，表现就是向父母求助，希望父母帮助他思考，甚至是希望直接得到答案。或许，有些孩子需要的不一定是指导，而是给予他克服困难的信心。在这个时候，父母采用正确的方式，陪伴孩子一起面对难题，就像给孩子吃一颗定心丸，像是告诉孩子"万事有我，不用担心"。孩子获得陪伴与信心后，内在安全感有所提升，精力就能更好地分配到思考难题上。

无论孩子的求助属于哪种情况，父母接收到孩子的求助信息后，都应该给予孩子回应："把你遇到的困难从头到尾讲述一遍。"表达回应的时候，多一些温柔与耐心，一方面是让孩子沮丧的心情平静下来，另一方面是教会孩子冷静处事。或许性格比较急躁的孩子，会因为得不到父母的解答而发脾气，这时候更需要父母温柔而坚定地让孩子实践这一步骤。为了避免孩子形成依赖父母的习惯，在孩子最开始遇到困难的时候，就要教给孩子应对的策略，这样可以慢慢培养孩子独立思考的能力。但这需要一个适应过程，切忌操之过急，更不能让情绪成为拦路虎。

当孩子讲述面临的困难时，父母需要放下手中的活，耐心倾听孩子的描述，并帮助孩子厘清问题的思路。这个细节需要父母重视——放下手中的活可能只需要几分钟，少了这几分钟，不会对其他事情造成很大的影响，但对孩子来说，这几分钟可以体现父母对孩子的关心与爱。接收的爱越多，孩子前进的动力越强。或许，孩子要的就是父母这几分钟的高度关注，来确认自己在父母心中的地位。

孩子描述完困难后，父母再重复一遍孩子说的话，并写出题目的已知条件，这是给孩子示范做题的步骤。题目很难或者没做对的原因之一，可能是不清楚已知条件。写出已知条件，是降低难度的方式之一。

孩子遇到作业难题就退缩，将来遇到生活中的其他难题，也有可能选择退缩。如果能教会孩子分析客观因素，就如题目中所给的已知条件，再教给他如何运用现有条件来解决眼前问题，可以大大提高孩子面对困难的心理素质。

二 题目的意思可以理解成什么呢

第二句话"题目的意思可以理解成什么呢"是对第一句话的升级，把题目所给的已知条件和问题，用自己理解的语言再讲述一遍，理解题目的要求，才能对症下药。这一步骤，需要父母有技巧地引导孩子一步一步地理解题目，就像破解谜团一样，让孩子自己解开谜团，恍然大悟的感觉让他有信心面对以后遇到的困难。

如果孩子尝试一两次后仍无法理解题目，父母要避免责备或伤害孩子的自尊心。当感到自己要发脾气时，可以暂时离开座位，让不良情绪消散。在这个阶段，孩子需要的是时间和耐心，而非责备和批评。责备和批评会让孩子更害怕困难。

如果孩子实在想了很久也没理解题目的意思，父母可以跟孩子一起再次大声朗读题目三次，朗读的过程需要慢，并拿着笔，理解什么就标记什么，陪伴孩子一起思考。然后，父母跟孩子比赛，看谁更快把题目做出来。父母在做题的时候，要把自己的思考过程自言自语地说出来。这一细节很重要，父母不是直接给孩子答案，而是给孩子解题的思路。

克服困难是孩子成长的必经阶段，或许孩子的表现与父母的期待不匹配，只有父母在接纳孩子的不完美后，才能更好地挖掘孩子的潜能。

三 我相信你再深入思考就能找到答案

经过对题目的理解后，要给孩子解题的信心与克服困难的力量。肯定的语言给予孩子积极的反馈，只需要简单几个字"我相信"，孩子就能接收到这份力量。

第三句话："我相信你再深入思考就能找到答案。"这句话可以理解成以下三个意思。

①我相信你无论遇到什么挑战都能解决困难。

②每个困难都需要经过深入思考，才能得到解决方案。

③解决困难的方案其实并不难，但需要你耐心地克服困难，不被情绪所困扰。

在面对困难的时候，大脑容易被畏难情绪所困扰，畏难情绪就像遮眼布，挡住了视线，让内心不知所措，不知道前进的方向。若能摘掉畏难情绪这块遮眼布，前进的道路可一步一步显现，问题也能顺藤摸瓜地解决。所以，当孩子遇到困难的时候，孩子向父母的求助可理解成孩子需要父母帮助他降低畏难情绪，并留给他解决问题的空间。

如果孩子已经把题目做出来了，可以再引导孩子对同一个题目多想几个解题方案。这不但培养孩子的发散思维，更是告诉孩子办法总比困难多，害怕困难并不能解决问题，但冷静思考可帮助他解决困难。

培养孩子的独立思考能力，不是一朝一夕的事情。在孩子遇到困难的时候，父母要做到陪伴并启发孩子思考，知道却不说穿，把锻炼的机会留给孩子。在此过程中，父母即使着急，也不能表现出来，平静地等待是最明智的做法。

在上述三句拒绝金句中，每一句都很重要，结合使用才能发挥出更大的作用。这三句话的逻辑关系是：先让孩子描述困难，再让孩子说出自己的观点，最后给予孩子前进的力量。运用这样的逻辑，可以达到"父母什么都没做，孩子能自己解决问题"的效果。

　　不论是学习还是生活，孩子总会遇到瓶颈期，而成功突破瓶颈期的孩子会更有信心。如未能突破，孩子可能会失去挑战困难的勇气。在引导孩子独立思考前，父母应拒绝直接为孩子解决难题，帮助孩子重塑信心，并培养孩子克服困难的态度。此外，教育不应仅限于孩子遇到困难的时候，而应随时随地进行。例如，通过别人的故事吸取经验，多向孩子提问，启发孩子思考，建立正确的价值观和是非观。

小练习：如何拒绝不想练琴的孩子的求助

故事背景：

　　孩子学琴一年半，从启蒙阶段过渡到初级阶段，课程难度渐渐提高。刚升上一年级的孩子要适应新学校的环境，还要学习与新老师、新同学相处，性格内向的孩子感觉这是一种无形的压力。放学回家后，除了要完成学校的作业，还要练琴。孩子对练琴渐渐表现出不耐烦，甚至找机会逃避练琴。跟孩子交流后，孩子表示依然喜欢学琴，但不想练琴。

故事经过：

　　在某个晚上，妈妈提醒孩子练琴，孩子不情愿地来到琴房，翻开书开始练习，这是新课后的第一次练琴，孩子觉得作业很难，然后跟妈妈说："妈妈，我觉得很难，不想弹琴……"

沟通目标：通过拒绝金句，帮助孩子缓解畏难情绪，并完成当天的练琴任务。

请判断以下拒绝金句是对还是错？

第一句：

☐ 不准说难，你不会开动脑筋吗？

☐ 你遇到什么困难了，可以告诉我吗？

第二句：

☐ 难什么难？刚上完课就说不会，学费白交了！

☐ 你觉得哪里难？慢慢告诉我。

第三句：

☐ 难就不用弹了吗？再不弹就罚你了！

☐ 你再慢慢回忆一下老师是怎样说的。

第 二 节

减少依赖

——孩子飞跃有方法，关键看你的态度

学琴半年的小丽正从启蒙期走向初阶期，但小丽的练习量没有跟上该有的进度，她觉得越学越难。除了要练习枯燥的基本功之外，还不得不牺牲玩耍的时间。这些变化让小丽萌生了放弃学琴的念头，她跟妈妈说："学钢琴太难了，我不想学了！"

无论处于初学阶段还是学琴多年，90% 的琴童都有过类似的抱怨。但如果仅凭抱怨就放弃，养成习惯后，孩子很可能什么都学不好。如何帮助抱怨和逃避的孩子克服眼前的困难呢？

当孩子遇到困难时，父母的反应非常关键，这关系到他是否会挑战更高的难度。如果父母的反应过于强硬，孩子可能会觉得父母不理解他，进而停止沟通，继续抱怨。如果父母的反应过于模糊，孩子可能会将困难留给父母去解决。其实，父母并不需要立即展示自己的态度，可以尝试将问题交给孩子，让他自己去解决。教会孩子使用 3W 的方法，可减少孩子对父母的依赖程度。3W 方法，即 what（是什么）、why（为什么）、how（怎么办）。

一 what（是什么）

你有没有注意过孩子独自玩耍时的情况？可能平时常哭闹撒娇的孩子，独处时即使摔倒也能自己爬起来而不需要安慰。为何如此不同呢？其实，孩子绝对可以完成自己年龄段能力范围内的事情。父母不仅需要对孩子独立解决困难的能力有充分的信任，还要学会亲子沟通技巧，增强孩子独立解决困难的信心，并培养孩子的独立思考能力。

古语有云："授人以鱼，不如授人以渔。"帮助孩子解决困难，不如教给孩子解决困难的方法。那么，解决困难之前首先要拆解困难，要弄清楚所面临的困难是什么，可以通过提问的方式帮孩子厘清思路。提问有以下三种方式。

1. 总分式提问

总分式提问是对困难进行概括与分解的描述。概括是笼统的。例如，孩子说"这首歌很难"，先重复一遍孩子说的话，然后帮孩子拆解各个知识点：识谱很难，节奏很难，旋律很难，伴奏很难；还是双手的协调性不好，很难两只手一起弹等。

让孩子根据每项知识点单独回答，能解决的知识点打钩，不能解决的知识点画圈做标记。完成第一轮的总分式提问后，针对不能解决的知识点，进行第二轮总分式提问。简单地说，就是帮助孩子梳理知识点。

在进行总分式提问时，最好能用笔和纸记录双方的问答内容，可以通过思维导图、清单体等方式进行记录。这样，孩子收获的不仅仅是单一难点的解决方案，更是对整个知识体系的回顾。这个方法不仅可以用在弹琴上，还可以用在作业或复习等场景里。

2. 选择式提问

选择式提问是给出有限的选择让孩子回答，这个提问方式适合在疏导孩子情绪的时候使用。例如，孩子抱怨"我不想弹琴"，父母给出积极的选择来解读孩子的意思："你觉得这首歌很难，是因为你现在很累，还是因为今天作业比较多，想尽快写作业，所以不想弹琴呢？"在这个长句里面，给出两个选择来猜测孩子不想弹琴的原因，可能这两个选择都不是孩子不想弹琴的根本原因，但经过父母的提问引导后，能缓解孩子的畏难情绪，消除逃避困难的想法。

可以把孩子的大脑比喻成一台电脑，电脑里装着很多东西，孩子的情绪就像使用电脑时产生的缓存，如果缓存比较多，电脑的运行速度就会有所下降。选择式提问可以帮助孩子缓解情绪，相当于帮助电脑清理缓存，目的是提高电脑的运行速度，电脑的运行速度提高，可以理解成大脑思考问题的能力相应提高。

3. 开放式提问

开放式提问适合用在有想法、主观意识比较强的孩子身上，让父母更了解孩子的真实意图。例如，孩子抱怨之后，父母可以这样提问："你说不想学，那么真的不学之后，你有什么想法和计划呢？"当孩子处于情绪困扰中时，如果父母一味地打压孩子的情绪，可能得到相反效果；如果顺应孩子的思路，让孩子思考抱怨时的选择带来的后果对他有什么影响，或许他能跳出当下的情绪，站在中立的立场思考这个问题。

面对小学阶段的孩子使用开放式提问，多数情况下都能得到满意的答复，还能激发孩子在大是大非面前，做出正确的判断，这就是开放式提问的优势所在。常用的提问方法是："你现在有什么想法"。这个问句里，没有重复孩子当下的困难，而是引导孩子学会觉察自己的内心想法，即使孩子的答复不是父母所想的，也要尊重孩子的选择，并为自己的选择负责，这是成长的必经阶段。即使走了弯路，孩子在下一次思考问题时会想得更周全。这就是成长。

二 why（为什么）

经过单轮或多轮的提问后，帮助孩子分析了眼前的困难。然后，需要帮助孩子分析产生困难的原因，这样才能更好地解决困难。

向孩子提问"为什么"，要研究的不单单是表面的事情，而是深入研究问题背后的原因。只要是研究原因，就要刨根问底，争取从源头上找到答案。这时候需要父母的耐心与细心，教给孩子使用宏观思维的思考方式。也就是说，产生问题的原因涉及的方面可能比较广。

例如，上文所说的"这首歌很难"，这是老师布置给孩子预习的作业，还是老师在课堂上已经讲过的知识；是孩子在课堂上没认真听，还是没听懂却又不敢提问而导致现在的结果呢？在深究原因的时候，可以从两个方面来分析，一个是事前，另一个是事后。

1. 事前

事前，代表的是孩子没做过这类事情。第一次尝试时，由于对各方面的知识、技能、环境等情况都不熟悉，觉得难是正常的。例如，数学老师布置一道预习题，是安排第二天上课的时候才讲解的，但老师希望孩子对这类题目有深刻的印象，还想让孩子有充分的时间先思考这道题，所以把它作为预习的作业。对学生而言，没有接触过这类题目，也不知道解题思路，所以觉得很难是正常的反应。

如果孩子遇到的困难属于事前这种情况，父母鼓励并给予信心可让孩子更有冲劲地面对困难。例如，孩子拿着预习的数学题发愁时，父母可以这样说："不要担心，老师明天上课会讲解这道题的解题方法，如果你能比其他同学先思考解题步骤，哪怕只想到一点点的解题方法，你都赢了第一步，因为万事开头难！我最欣赏你有克服困难的勇气，下次再出现类似题型时，我相信你肯定能挑战成功。"

以上鼓励的句式可总结为："不要担心（对困难的描述），如果你能（尝试解决困难），哪怕只想到一点点的（眉目），你都赢了第一步，因为（形容困难的难度），我最欣赏你有克服困难的勇气，下次再出现类似 (困难) 时，我相信你肯定能 (鼓励的话语)。"

对于孩子还没做过的事情，父母的鼓励可以激发孩子的潜力，不能因为孩子不愿意尝试而给孩子贴上懒惰的标签。如果父母的口头禅是给孩子贴标签，此时应该打起十二分精神，不能让孩子的潜力扼杀在语言的冷暴力中。

小红很喜欢跳舞，但她小时候第一次在家里跳舞时，却被爸爸的批评打击了热爱舞蹈的心。爸爸认为跳舞会影响学业，年少的她听了爸爸的建议放弃了舞蹈。但从那时候开始，她变得胆小不自信，不敢追逐自己喜欢的事物。直到读大学的时候，她听从内心的选择重新学习舞蹈，并在舞蹈中找到久违的快乐与自信。她在某次与妈妈谈心的时候，才发现一直以来的不自信竟源于爸爸当年的一句批评。

父母对孩子的影响往往是潜移默化的，有时无心的一句负面话语，会给孩子带来不可逆的不良影响。虽然不是每个人都能找到问题的根源，但从今天起，给予孩子正面积极的力量，是父母此刻就能做到的事情。

2. 事后

事后，代表的是这件事已经发生了，眼前的困难是孩子跨不过去的坎，即使让他再次挑战困难，他已心生恐惧。这个时候，教会孩子接受现实，并告诉他还可以在思想上进行补救，问他假如可以从头开始，他会如何做。挫折教育的意义在于避免重复犯错。接受现实，是让孩子从容地面对错误；思考从头开始的行动，是让孩子复盘错误，避免重蹈覆辙。

　　例如，小丽说弹琴很难，若这是老师讲解过的内容，父母可以这样说："如果你觉得难，这是一件好事，证明你的水平又提高了，老师才会布置这样的作业给你。既然有难度，下次上课你会怎么做？把不明白问到明白，并在课堂上把它解决掉，还是不明白也不敢问呢？哪种方式更能提升你的能力呢？"

　　以上提问的句式可总结为："如果你觉得难，这是一件好事，证明你的水平又提高了（肯定孩子的能力），（困难出现的理由），既然有难度下次（困难再现）你会怎么做？把不明白问到明白，并（提升能力的行动），还是不明白也不敢问呢？哪种方式更能提升你的能力呢？（给孩子选择思考的机会）"

　　关于深究原因的提问方法，还有很多方式，搜索公众号"梁幻馨"，输入关键词"提问"，即可获得《提问的方法》相关图书的竖版思维导图笔记。

三 how（怎么办）

孩子已经厘清思路，知道自己所面临的具体困难，并知道困难出现的原因。之后，就要教会他如何解决困难。如果深陷困难当中，马上采取措施挽救当前危机；如果问题已经过去了，思考预防的措施，避免重蹈覆辙。

在琴童觉得弹琴难的时候，其中一个很重要的原因是视奏能力弱。视奏能力是指看着琴谱，手指能在琴键上正确弹奏的能力。视奏能力的强弱，与学会一首乐曲的速度、时间长度、拓展演奏曲目的范围、扩大艺术视野等关系重大。能跨越视奏能力门槛的琴童，音乐之路会走得比较顺畅，因为他可以把更多的脑力和精力花在如何弹得更好听这个层面上，也就是钢琴老师常说的把握音乐风格和背景、音色处理等方面。

在提高视奏能力上有一个小技巧——在孩子弹琴的时候，用书本挡住孩子的手，逼迫他只能看眼前的五线谱，不能让眼睛帮助手在琴键上找音，大约坚持半个月到一个月，孩子的视奏能力就会有所提升。这个方法在我的孩子身上和学生课堂上都试验成功。由此，我对孩子的独立思考能力有了更多的启发。

孩子觉得困难的事情，其实是他没有找到更好的解决办法。

但找到正确方法后，是否尝试，考验的不仅仅是孩子，更是父母。在上述例子中，如果没有父母对正确方法的"强迫"坚持，获得能力提升的效果就会有所减弱或者没有效果。简单地说，在与孩子找出产生困难的原因时，已经让孩子回答了"怎么办"。怎样才能让前面的沟通产生效果，关键是行动的执行度。愿意行动、马上行动、坚持行动，孩子不但可以收获解决困难的能力，在行动的过程中，他的独立思考能力也会不断地被碰撞、激发、提高，从错误中学习，从行动中提升，孩子的能力就是这样逐步提高的。

孩子遇到困难时，父母要耐心地教给孩子 3W 方法，给孩子示范此方法如何帮助他解决困难，并跟孩子复盘提问的逻辑，让这套方法成为孩子解决困难的秘密武器。

小练习：记录孩子的优秀表现

教会孩子方法，还要给予孩子信心。信心从哪里来呢？信心可以从孩子的经历中提取出来。在与孩子聊天时，可以侧重提问他的优秀表现："你觉得自己做过的最棒的事情是什么""你做过什么事情被别人表扬"……

孩子需要被重视、关注和欣赏，通过沟通和互动可以增强自信。父母记录孩子的优秀表现，可以在孩子遇到挫折时鼓励他。如果孩子迟迟不愿实践解决方案，可能是因为缺乏自信心，而这些表现将为他提供前进的动力。

请记录孩子的优秀表现：_____。

第 三 节

读书破万卷
——气质自体现，亲子阅读是妙招

珍珍和芳芳是同桌，珍珍是一个有主见的孩子，芳芳是胆小内敛的孩子。每次遇到难以明辨是非的话题，珍珍都很大胆地表达自己的观点，芳芳却不愿意发表意见。如果芳芳被要求发表观点，她要么不敢说，要么会说"我跟珍珍想的一样"。

像芳芳这样的孩子，他们内心真的没有自己的见解吗？如何帮助孩子改变这种状态呢？找到问题的根源才能更好地对症下药。

想要帮助孩子改变人云亦云、不敢表达观点的状态，培养孩子的独立思考能力最为重要，这也是培养独立人格的重要一步。阅读经典名著，是成本最低的培养方式。那么，怎样才是正确高效的阅读方法呢？

一 不同年龄阅读对应的经典名著

在孩子的性格塑造时期，不应该只关注作业，而应该从成长的角度思考，做什么事情更有益于培养孩子的精神世界。其中，阅读是帮助孩子树立正确"三观"的重要方法，通过文字与伟大的学者、思想家、教育家交流，不但可以培养孩子的书香气质，更能提高孩子深入思考问题的能力，这是站在巨人的肩膀上学习的好方法。

孩子应该读什么名著呢？阅读是分层级的，大致可分为初级、中级、高级。简单地说，拿初中的图书给一年级学生阅读，这是阅读上的不匹配。那是不是低年级学生就一定不能读高年级的书呢？也不是，要根据孩子的理解能力，给予相应程度的图书。

阅读不匹配可用钢琴考级来比喻，假如孩子是五级水平，如果长期只让他弹奏一级的歌曲，大致会出现以下几种情况：要么孩子觉得这是低估他的水平，渐渐失去学习的动力；要么孩子骄傲自满，觉得自己全都会了，没必要继续往下学；要么孩子一直在低水平徘徊，难以进步。这些都不是好的结果。

那么，长期给五级水平的孩子弹奏十级的歌曲，可能会导致不同的结果：消极的孩子会认为困难太大而选择放弃；而积极的孩子可能会误认为自己进步神速而兴奋不已，却因歌曲的知识跨度过大，从而增加了学习难度。相信这些结果都不是父母所期望的。

由此思考，如何获得好的学习效果呢？以钢琴考级作为比喻，好的学习效果体现在选择相应级别的曲目上。同样，阅读方面，选择与孩子理解水平相匹配的图书，并偶尔添加可跨越的经典作品来巩固孩子的能力。建议父母与孩子一起阅读一本书，并根据孩子的反应，记录及拆分难点。若孩子尚未理解，可以先放一边，等待适当的时机再次尝试。

二 陪读的正确打开方式

如果只是把书丢给孩子自己看，或许有的孩子非常喜欢这样的阅读方式，但若父母能加入陪伴和交流，那孩子的收获就不仅仅是图书的内容，更重要的是体会到父母的爱。阅读的方法有很多，什么方法比较高效呢？下面介绍如何培养孩子阅读习惯的方法。

1. 固定阅读时间

固定时间就是除了特殊情况外，只要约定的时间一到，先把手头上的其他工作放下，马上开启阅读。跟孩子商量并约定每天的固定阅读时间，让孩子感受到平等与尊重，他就更愿意配合父母的计划与建议。

关于时间，一开始可以设定为 20 分钟，让孩子觉得时间不是很长，难度不是很大，而且孩子的专注力可以维持 20 分钟。先从微习惯开始培养，越是觉得简单，越容易坚持。坚持一段时间后，再酌情增加时长，渐渐提高孩子的专注力。

如果孩子坚持不了 20 分钟，可以缩短为 10 分钟或 15 分钟。或者在阅读的时候，先让孩子观察父母的"阅读表演"。表演的意思是把书中精彩的语句、故事，用自己的语言非常生动地讲出来，目的是引起孩子的好奇心。这是吸引孩子阅读的好方法，让孩子对阅读的印象是好玩有趣，而不是枯燥无味。

2. 阅读量的设定

阅读量是孩子在约定的阅读时间里大约能阅读多少页，或者把一章、一个故事等作为当天的阅读量，具体设定形式根据图书的类型来判断。这需要父母对图书提前了解，并规划这本书每天的阅读量，同时将阅读计划写下来，让孩子跟着这份阅读计划一起完成阅读目标。如果漫无目的地阅读，可能坚持不了几天就放弃了，但把一个整体拆分成多个小单元，就非常有利于目标的完成。这是教导孩子正确面对挑战的策略。

阅读完当天的内容就可以把书合上，不再往下看，为什么呢？阅读是一辈子的事情，不急于一天就看完。对于经典名著，消化书中的内容，讨论并形成自己的观点，这样的价值和意义更大。所以，合上书后，还需要与孩子讨论书中的情节，探讨孩子的想法，这是形成主观意识的过程。要不断鼓励孩子分享自己的想法，同时要允许孩子的观点与父母的观点不一致，这样才能让孩子敢于表达与别人不同的观点。此外，要给予孩子积极的反馈，这些反馈是孩子说话的底气，可以慢慢改变孩子胆小的状态。

3. 每人一本书

在约定的阅读时间里，每人一本相同的书，开始各自的阅读。在此过程中，孩子或许会有争强好胜的想法，想比父母更快地读完。这是好事，父母可以适当示弱让孩子赢。但偶尔也需要父母赢，这可以激励孩子提高阅读速度，还可以暗示孩子在约定的阅读时间之前，提前阅读当天的内容。其实，这是在暗示孩子做预习。运用到平时学习中，可以对老师讲的知识点掌握得更透彻。

初建阅读习惯时，若没有坚持下来，不要责备自己，因为适应需要时间。责备将让重新建立阅读习惯更加困难甚至放弃。我也曾遇到过这些困难，但这句话鼓励我坚持下去："这是非常正常的，不要着急内疚，哪怕只坚持一天，也有一天的收获，如果能将收获用于实践中，对于孩子来说已经超越了一天的价值。"

把阅读习惯的建立比喻成做加法，完成一天就打一个"√"，没完成也不做标记。一段时间后，只看到积极的"√"，而没有看到消极的"×"，这样可以减少两股力量在内心的撕扯，也就是减少内耗，这样就可以给自己更多的积极暗示，多坚持美好的事情，多陪伴孩子一起阅读，给孩子留下珍贵的童年回忆。这么一想，阅读习惯就会一点一滴地建立起来的。

在此过程中，父母对孩子的微表情观察很重要，这是给予孩子正面鼓励或激将法鼓励的判断标准。

三 妙用家庭读书会

阅读是孩子获取知识的重要途径，怎样才能让这些知识发挥最大的作用呢？如何培养孩子的思考力呢？家庭读书会是简单、有趣的方法。那么，家庭读书会可以怎样开展呢？

家庭读书会的目的是让孩子输出肚子里的"墨水"，同时，培养孩子的胆量，让他敢于表达自己的观点。在表达观点的过程中，孩子的大脑高速运转，思考的能力就是在每一次的锻炼中提高的。

家庭读书会的形式并不重要，可以和孩子一起策划这场活动。读书会可以与美食结合，也可以与辩论赛结合，还可以围绕一本书进行分享，分享阅读笔记、阅读心得，对书中的观点表达同意或反对意见，或从书中内容延伸到生活的方方面面等。

在读书会上，父母应以鼓励和倾听为主，尽量让孩子多参与并表达观点。讨论需要有规则，不能变成争吵，平等表达观点但不发泄情绪，允许其他人和自己持不同观点。分享者发言结束后，才轮到下一位分享。同时，可以约定举手方式发言，发言结束后说："感谢大家聆听，我的发言完毕。"这样可以培养孩子礼貌发言的行为习惯。

小练习：策划一场家庭读书会

策划一场家庭读书会，不一定需要很多人参加，即使两三个人也可以进行，重点是让孩子发言，敢于表达自己的观点，也要让孩子做听众，认真聆听别人的想法，让思维碰撞出更多的火花，孩子的进步才能更高效。举办家庭读书会要做好记录，建议使用家庭读书会记录模板（见表2-1），读书会的笔记就是精华所在。此外，搜索公众号"梁幻馨"，输入"家庭读书会"，可以了解更多关于家庭读书会的策划流程。

表 2-1　家庭读书会记录模板

日期：	主题：
参与者：	
读书会笔记：	

第 四 节

三思而后行
——自救知识学起来，危险时刻能保命

> 小雪是两个孩子的妈妈，每次独自带孩子外出都很紧张。因为孩子充满活力，跑得很快，玩得兴奋时还不听指挥。这天，小雪带孩子们去看医生。在拿药的时候，孩子们玩起了捉迷藏，直到小雪回过头时才发现他们不见了。幸运的是，她很快找到他们，并对他们进行了批评教育。

在孩子年纪尚小的时候，父母最担心的就是孩子走丢了。但孩子总会长大，教孩子自救知识是非常有必要的。同时，这也是培养孩子独立思考能力的方法。

孩子在一个开放的环境中成长，容易接触到社会上的热点事件和身边发生的事情，包括积极和消极的事情。父母通过别人的故事教育孩子，是最低成本的试错方式。与孩子一起思考事件的前因后果，不仅可以培养孩子的思考能力，降低犯错的概率，还能唤醒孩子的内在自驱力，一举多得。

对于孩子来说，学习三思而后行的要领，就已经赢了第一步。下面具体介绍如何用三思法则看待所见所闻。

一 思考出现的原因

我碰巧遇见一位父亲刚找到走丢的孩子，二话不说就给了孩子一个耳光。父母打小孩这个场景，会给孩子带来消极影响。如果孩子不了解前因后果，可能会因此产生恐惧，甚至变得胆小怕事。但这一幕也被我的孩子看到了，作为母亲，我要做的是启发孩子思考发生这一幕的原因，而不能让孩子陷入恐惧的情绪当中。因为凡事不能只看表象，眼见未必为实，要教导孩子保持中立的态度寻找答案，这也是避免孩子对一件事随便做判断的方法。

孩子看到父亲打小孩的行为后，我直接向孩子提问："这个爸爸为什么打孩子呢？你知道发生了什么事情吗？"孩子的心思没有成人那么缜密，也可能被眼前一幕吓着了，提问是引导孩子跳脱当下负面情绪的方法之一，也是分散注意力的一种方式，这是引导孩子用局外人的角度思考问题。

在与孩子讨论之前，需要理性描述事实，而且是不带个人情绪地描述自己的所见所闻，这是给孩子做榜样，降低孩子以后与同伴闹矛盾后，因情绪失控而影响了解决问题进度的概率，这也是培养孩子高情商的示范方法之一。

描述事实后进入讨论，可先站在其中一方的角度思考原因："孩子跑得太快，爸爸追着他一直跑到小区门口才追上，这是非常危险的行为，爸爸担心孩子走丢了，情急之下就发生了刚才这一幕，你觉得这位爸爸当时是怎样的心情呢？生气、愤怒，还是担心？爸爸这样的行为对吗？为什么呢？"引导孩子站在父亲的角度看问题，同时是让孩子学会换位思考，或许孩子也能理解自己被父母批评的原因。父母都是爱孩子的，只是有时候用了不正确的方法。例如，上述这位父亲因为着急而打了自己的孩子，但如果能代入这位父亲的角色，或许孩子可以理解这位父亲当时的心情。

引导孩子站在一方立场想问题后，一定要让孩子再站在对立方思考问题。培养批判性思维，是让孩子学习多角度思考的方法。在教育孩子的过程中，引导孩子猜测发生这种情况的原因，其实也是对自己行为的真实写照，除了能让父母了解孩子的想法，还能引导孩子判断自己行为的正确与否。

思考的能力，可以通过站在多个角度，思考不同立场的人的想法，猜测原因，并学习判断是非的方式锻炼出来。如果单单是看到别人的故事，没有思考和讨论的环节，孩子对同类事件的印象是不深刻的，一段时间后就会遗忘，这样达不到教育孩子的效果。所以，一定要进行下一步，思考事情的结果。

二 思考事情的结果

孩子走丢的结局大致可以分成三种情况：很快就找到了；很久才能找到；真的找不到了。眼前这对父子属于第一种情况，很幸运。是不是每次都能这么幸运呢？让孩子明白另外两种情况的严重性，并提高孩子的警惕，是这一步的重要目的。

让孩子参与讨论是教育的理想状态，因为父母与孩子是平等的。在沟通过程中，需要父母实事求是地分享自己的所见所闻和真实感受。

眼前的事情得到一个结论后，还需要引导孩子继续思考。假设孩子走丢后是另外两种结局，父母可以把社会上发生的类似事件告知孩子，对孩子起到警醒的作用。告诉孩子每件事情都有变量，每个环节都对结果起到决定性作用，告诫孩子不要行差踏错，有一些错误还可能会后悔终生。例如，孩子真的找不到了，原本幸福的家庭、快乐的童年就被改写了。

三 思考正确的对待方式

教孩子应对困难是非常重要的事情，应对的态度、方式、方法，对结局都有不同程度的影响。继续用孩子走丢作为例子，教孩子学会自救，争取尽快脱离危险。

孩子走丢了，第一反应是害怕，害怕的情绪有可能占据整个大脑，这时孩子的理智脑就不工作了，因为都在处理害怕的情绪。教孩子哭是有必要的，哭可以让负面情绪释放出来。同时，哭能引起路人的注意。但是，一定要告诉孩子，哭的时间不能太长，容易消耗体力，也不利于做判断。所以，哭一会儿是允许的，然后要收拾心情，观察周围环境，寻找可靠的人并求助。可靠的人，首选是警察，其次是穿制服的工作人员，比如保安、商场售货员等。

如果没有遇上这些人，就寻找孕妇或带着孩子的妈妈。向可靠的人描述自己的困难，并请求对方帮自己报警，报警后最好是原地不动地等待父母，或者等警察到来。这些自救方法，跟孩子做好约定，万一碰上了，脱离危险的概率更高。

小练习：玩"危险"游戏

通过玩游戏的方式，把孩子代入"危险"的场景，让孩子在理性状态下，为游戏中遇到困难的自己想办法。有了这个步骤，万一孩子真的遇到危险，他能更快镇定下来，积极思考解决方案。

"危险"游戏，可以设定为孩子走丢遇到坏人，失足掉到河里，乘电梯遇到火灾等场景。通过与孩子玩游戏或讨论的方式，把自救知识灌输给孩子，并让孩子牢记在心。平时还可以与孩子一起观看自救类的短片，通过多种方式教会孩子自救知识。

▲　玫瑰镂空书签

制作提示：

沿边框裁剪，中间虚线部分挖空后，即可呈现镂空形状。

Love to think

这是我送给孩子的第二份礼物：玫瑰镂空书签。
让它陪伴孩子提高思考力吧！

第三章

培养情绪管理能力

情绪管理真的很难吗？你对情绪管理的理解有偏差吗？在自驱力大树里，情绪管理能力相当于树干，起到支撑作用，就像高情商的人更善于化解矛盾、扭转危机一样。本章将分享培养孩子情绪管理能力的有效办法。

识别情绪

——发脾气的正确处理方法：一个动作镇住他

君君很喜欢玩手机，因为手机里有他喜欢的儿歌，还有好玩的游戏。一天，君君觉得很无聊，他又想玩手机了，拿着手机找妈妈要密码，他期待地说："妈妈，我想玩手机！"妈妈想起君君每次都把眼睛凑到屏幕前的画面，就拒绝了君君的要求。但君君没有放弃，继续用自己的方式争取想要的东西。

这些方式往往都是父母觉得很厌烦的方式，于是亲子关系开始变得紧张。你家孩子有这样的情况吗？他的情绪又是如何变化的呢？

孩子想要得到一件物品时，他的情绪大致可分为三个阶段。

● **第一阶段**

笑眯眯地不断重复自己的要求，期待快点达成目的并获得想要的物品，比如玩具、电子产品等。

● **第二阶段**

大声哭闹地不断重复自己的要求，此时孩子的心情已经变得不平静了，由于得不到想要的物品，失落的情绪转变成哭声，也就是行动升级。

● **第三阶段**

运用肢体语言来表达自己的要求，通过地上打滚、捶打父母、向兄弟姐妹挑衅等方式引起父母的注意。只要孩子觉得有用的方法都会尝试，这时候孩子的情绪已经处于失控并失去理智的状态。

在生理角度，孩子的理智脑发育得迟一些。当孩子发脾气的时候，理智脑更加不工作了。这个时候跟孩子讲道理，不但起不到作用，还会让孩子的情绪更加激动。在孩子哭闹的时候，孩子的理智脑大概率是处于没有生物电流通过的状态。简单地说，就是不能讲道理。父母与孩子沟通的方式之一就是讲道理，这时却不起作用，怎么办呢？分享一个好方法——拥抱眼前哭闹的孩子，帮他擦擦眼泪和汗水。

在拥抱孩子之前，从孩子的角度思考他的行为，会发现孩子是在为自己想要的东西而努力，只是缺乏正确表达诉求的方法和社会经验。虽然表达方式不正确，但是孩子坚持的精神值得我们欣赏。只有真正理解和欣赏孩子的优点，才能让拥抱真正发挥效果。

如果仅仅流于形式地拥抱孩子，善于察言观色的孩子，很容易感受到父母并不是真正理解自己。孩子发脾气、闹情绪，真正想要的不一定是他所说的物品，而是父母的关心与理解，这一点是孩子自己也不知道如何表达的内在原因。所以，这个拥抱并不是简简单单的肢体语言，而是解决孩子内心真正渴求的爱。

既然孩子需要的是爱，却被情绪困扰不能正确地表达出来，那么怎样才能更好地培养孩子的情绪管理能力呢？分享三个简单步骤，帮助孩子识别情绪。

一　帮助孩子识别情绪

父母是很容易识别孩子的情绪的，但孩子不一定能理解自己身体与心理的变化。教孩子学会识别自己的情绪很重要，这是情绪管理的第一步。

在教孩子识别情绪之前，先让孩子明白管理情绪的必要性。父母可以通过举例的方式来阐释情绪管理的重要性，这些例子还可以帮助孩子了解高情商沟通的更高层次。如果需要案例，可以在网络上搜索"高情商＋名人"等相关关键词。为孩子提供正确的价值观，可以从爱国的角度去甄选正面例子。同时，要考虑孩子的年龄和理解能力，让他们更好地记住这些例子。这些例子还可以成为孩子写作文的好素材，一举多得。

在举正面例子之前，建议先举反面例子。反面例子就像一面镜子，让孩子看到错误处理方式会导致怎样的后果。正反例子的反差越大，孩子对正面例子的选择就会越坚定。

对孩子来说，重点在于选择适合情绪主题的反面例子，但不要夸大。可以使用身边的事例或故事书中的反面例子，来说明情绪管理的重要性。

讲完反面例子后，要询问孩子的感受，并让他说出自己的解决方案。若想让孩子了解情绪的传播源头，可以邀请孩子重新设计故事情节，让故事获得扭转性的局面。这是一个让孩子厘清事情始末、了解情绪及其对事情影响的好方法。

孩子明白情绪管理的重要性后，要教孩子识别情绪，描述孩子发脾气的过程，并重点描述孩子情绪来临时的表现，比如音量、表情、动作等变化。识别情绪最快的方法之一是音量，能明显听到音量的提高。当察觉到音量不断提高的时候，要引导孩子进入下一步的思考。

二　感受自己的内心

发现孩子的音量提高后，需要教会他暂停当下的行为，并询问自己内心的想法，感受自己的内心。积极暂停的方法非常适合闹矛盾时使用，可以避免孩子进入情绪失控的第二阶段和第三阶段，对孩子的身心健康都有益而无害。

怎样才能感受自己的内心呢？教会孩子问自己三个问题。

①现在很生气？

②为什么生气呢？

③不生气的方法是什么呢？

对于年龄较小的孩子，需要父母的引导提问。如果是年龄稍大的孩子，教会孩子向自己提问即可。不能管理好情绪的原因之一就是，情绪像一团烟幕弹遮掩了前进的路，让自己迷失方向，然后产生心理压力。以上三个问题是逐渐驱散烟幕弹的方法，也是识别情绪并梳理情绪产生原因的方法。下面具体分析。

1. 现在很生气

回答这个问题，相当于理性承认自己的情绪出了问题。或许孩子一开始不想承认，但可以继续换其他词来形容孩子的行为表现。如果孩子不想正面回答，可以让他用点头或者摇头表示回答。这时需要考虑保护孩子的自尊心，特别是倔强的、自尊心强的、内心脆弱的、很爱面子等类型的孩子。这个问题主要是让孩子知道自己的内心出现了状况，通过行为表现出来了，同时提醒孩子要想办法解决问题。

2. 为什么生气呢

这是给孩子解释的机会，最可怕的是孩子连解释的发言权都没有。如果是面对年龄较小的孩子，需要父母耐心地引导提问。通常孩子都愿意回答这个问题，孩子也不是无缘无故地发脾气。或许父母会听到孩子各种奇奇怪怪的理由，但这都是孩子内心的想法，不能嘲笑他，而是耐心倾听孩子的想法和委屈，这是了解孩子内心的最好时机。孩子说出来的委屈，不一定仅仅是当下发生的事情，还可能把很久之前隐藏的导火线也说出来。所以，在提问孩子"为什么"的时候，更重要的是不断提问"还有其他原因吗"，这是深挖孩子内心想法的重要步骤。

如果是年龄较大的孩子，明示孩子可以告诉父母生气的原因，父母很愿意倾听他的诉说；如果不想告诉父母，告诉朋友或者把想法写在纸上、日记本上等方式都是允许的，但不能憋在心里。

3. 不生气的方法是什么呢

帮助孩子把坏情绪倒出来之后，一定要帮助孩子提升内心的能量，这样才算把事情处理完成。所以，"怎样做"是非常重要的一步。

面对年龄较小的孩子，孩子表达诉求后，父母需要帮忙分析这个诉求的合理性。如果合理，就尽量满足孩子；如果不合理，就帮助孩子分析或共同讨论如何才能变成合理的诉求，达成共识后再进行满足。当父母觉得孩子的要求是无理取闹，孩子却觉得是父母不理解自己时，这就存在认知误差。这个认知误差需要时间和故事来消化，这样父母才能真正站在孩子的角度去理解孩子的内心。

在我刚从事钢琴教学时，由于认知误差，与学生出现沟通困难，让我感到很内疚。后来，我了解到孩子的行为有其背后的原因。父母不能将成年人的行为习惯用来解释孩子的行为。每个孩子都是独立的个体，需要尊重其天性和个性，才能更好地了解其内心。例如，折书角这种行为，有的老师认为很方便，有的学生却担心书本不能保持完好的状态。当孩子不敢提出反对意见时，就可能导致情绪爆发。如果不知道双方的认知误差，就很难真正解决问题。

三　约定情绪的开关暗号

前面已经分析了孩子如何识别自己的情绪变化，也教会孩子探索情绪的内在原因和真正想要的解决办法。接下来，要分析孩子如何更好地管理自己的情绪。方法很简单，即与孩子约定情绪的开关暗号。

为什么要约定暗号呢？父母很容易觉察出孩子的情绪变化，但孩子不经过练习很难快速管理自己的情绪，哪怕他已经知道情绪在作怪了，但他就是控制不了。约定暗号是孩子练习情绪管理的必经过程。

情绪暗号，可以是一个手势、一个动作、一个词语等，选择的方向是孩子觉得开心的事情。例如，孩子很喜欢与父母玩挠痒痒游戏，可以约定在孩子情绪来临的时候，父母边挠痒痒边提醒孩子："我发现情绪'怪兽'要来啦，它现在来到你的手臂，准备要跟你玩挠痒痒游戏啦，如果你继续发脾气，情绪'怪兽'就不会停下来。你现在是停止发脾气，还是继续发脾气呢？"这个时候，小朋友容易笑场，又怕痒又想玩是孩子的心态，这时孩子的注意力会转移到如何躲避挠痒痒这件事情上，因为神经元对挠痒痒的触摸感觉很敏感。如果孩子很抗拒挠痒痒，这方法就不适合，还可能会引起孩子的反感。所以，选择的方式需要与孩子提前约定，而不是单方面做决定。

此外，还可以将情绪开关设为大老虎的嘴巴。当情绪来临时，模仿大老虎的嘴巴慢慢张开，发脾气的孩子就像张口的老虎一样，让周围的小朋友都远离他。同时，询问孩子这是否是他所期望的结果。如果不想变成大老虎，就要关上情绪开关，就像关闭大老虎的嘴一样，并用手模仿嘴巴关闭的动作。这种开关式的手势可以提醒孩子要控制情绪，避免哭闹等，如图3-1所示。

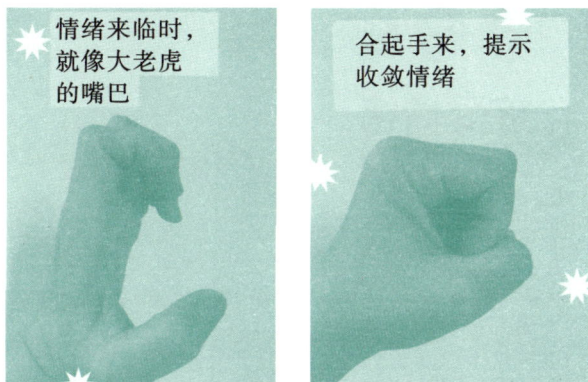

情绪来临时，就像大老虎的嘴巴

合起手来，提示收敛情绪

图 3-1　用手模仿情绪示范图

　　关于情绪暗号的设定，可以在与孩子聊天谈心的时候进行讨论。当情绪来临时，这些情绪暗号就能派上用场。而且，在使用的时候，一定要配合语言，并回忆在约定时双方的感悟与体会。这个方法有可能不是一次就能成功，需要父母坚持与孩子长期沟通，真正走进孩子的内心世界才能更好地帮助孩子管理好自己的情绪。

小练习：约定情绪暗号

　　与孩子约定情绪暗号，可以帮助孩子掌控情绪。你会选择哪种方式呢？

　　欢迎写下来：＿＿＿＿＿＿＿＿＿＿＿＿＿＿＿。

第 二 节

接受情绪
——情绪就像镜子，越早接受越明智

"你怎么这么过分，你真是气死我了……"欢欢和乐乐一起玩耍，玩着玩着就开始闹矛盾，起因却是一些鸡毛蒜皮的小事。由于情绪失控，原本很容易解决的小事，他们却大发雷霆，最后不欢而散，甚至大打出手。

你的孩子是否有过这样的经历？如果有，更应该告诉孩子以下事实。

情绪是每个人天生就有的，情绪的表达方式因人而异，情商高与情商低的人表达情绪的方式大不相同。他们之间最大的区别是什么呢？其实，就是一个关键点——接纳情绪。

情绪就像一面镜子，它会反映我们内心的真实情感，也会传递给周围的人和事物。表达什么样的情绪，就会接收到什么样的反应。因此，接纳情绪是非常重要的，就像接受照片中的自己一样。可以选择直接面对情绪并处理它，或者选择离开一段时间后再来面对。但如果选择抵制情绪，相当于给镜子蒙上了一层"盖布"，不仅是不接纳情绪，更是对自己的抗拒，这样会导致情绪不断升级，会让事情变得更加复杂难以处理，还可能会引发其他问题。因此，接纳情绪是理解自己并解决问题的必要前提。

那么，怎样才能做到接纳情绪呢？主要有以下三个步骤。

一 表达情绪

即使孩子的口头表达能力不是非常好，也可以通过练习来锻炼表达情绪的能力。如何在表达情绪的过程中避免节外生枝呢？分享两个小技巧，可避免在表达的过程中让听众产生误会。

1. 用第一人称来表达情绪感受

为什么要用第一人称来描述自己的情绪感受呢？举个简单的例子，开篇说的"你怎么这么过分，你真是气死我了……"如果你就是句子中所指的"你"，你感受到的是什么呢？你的第一反应是什么呢？这是被指责的感觉，对吗？你的第一反应是为自己辩解吗？还是对对方产生更大的误解呢？相信此刻的"你"是不舒服的，接下来还可能做好了迎接吵架的准备。

如果把上句中的第二人称改为第一人称，即改成"我现在感觉很生气"。你听到这句话后，你的感受又是怎样的呢？没有感觉到被指责，反而是不由自主地与"我"共情，并同情"我"的坏心情，对吗？这个小技巧一定要教会孩子，这是表达自己的感受，并不是指责对方。人称用对了，矛盾就会减少了。

2. 把情绪感受从词语描述成长句子

为什么要把词语描述成长句子呢？因为描述的过程有三个好处。

（1）让大脑更快恢复理性状态

可以帮助孩子梳理当下的感受以及事情的来龙去脉，或许孩子不一定承认自己有过错,但孩子能做到描述事情经过这一步骤,他的大脑就能更快地向理性靠拢。

（2）锻炼口才

把感受词语描述成长句子的过程,是在锻炼孩子的口才。语言表达是对思维的展示,父母可以从孩子的语言表述中了解孩子的思维逻辑。或许孩子在一开始锻炼的时候,思维不清晰,语言逻辑混乱,但不要紧,多给孩子练习的机会,并从孩子表达的内容里对他进行提问。提问可以帮助孩子更准确地表述事情的起因、经过与结果。

（3）与同学更好地相处

经过这样的长期锻炼后,受益于语言表述清晰,别人就会更愿意倾听孩子发言,孩子可以与同学更好地相处。

提高孩子的说话水平相当于同步提高孩子的逻辑思维、语言组织的能力。有了这些练习,还需要担心孩子写作文没素材吗?而且,不一定是发生矛盾的时候才用这些技巧,平时发生的开心的、暖心的事情等,都可以用这样的方式来锻炼孩子的语言表达能力。

二 承认情绪

孩子要做到承认情绪并不容易,特别是由孩子的过错造成的矛盾而引起的情绪。承认情绪相当于让孩子在众人面前承认错误一样,自尊心强的孩子可能很难做到。那么,承认情绪一定是承认错误吗?如果不承认情绪,又会有什么影响呢?

　　其实，承认情绪并不是承认错误，因为情绪没有对错之分，情绪是身体内在反应的一种信号，就像上文提到的情绪就像一面镜子，反映我们内心的真实情感，承认情绪相当于读取信息。

　　怎样做才是承认情绪呢？有一个简单的方法，比如上文提到的表达情绪，表达后需要从内心承认这份情绪的存在，并告诉自己："有情绪很正常，人有七情六欲，这代表我是正常人！拥抱自己就已经很棒了！"虽然只是简单的一句话，但这句话在情绪爆发的时候非常管用，最根本的原因是接纳了自己的不足。父母要尽量引导孩子接纳自己的不足，接纳不完美和暂时的不如意。

三　接纳情绪

　　接纳情绪是一个重要而必要的过程，而不是逃避或压抑它们。在心底承认自己当下的情绪是成功的第一步，但这可能需要克服一些心理障碍。有时，我们不愿意接纳情绪，是因为不想承认自己的普通，或者害怕情绪带来的不舒适感。然而，接纳情绪的存在是一个逐渐减弱心理阻力的过程。

　　通过表达内心的感受和想法，我们可以更好地接纳情绪。接纳情绪并不意味着被情绪淹没，而是理解和接受情绪在我们生活中的存在和影响。对于孩子来说，可以通过以下三种方式来接纳情绪。

1. 解决当前情绪：口头表达

　　把嘴巴想象成情绪的出口，表达自己的真实感受，让对方明白自己愤怒的原因、委屈的缘由、开心的事情、悲伤的故事等，不仅让对方更了解自己，还是治愈情绪的好方式。表达的过程也是学习分辨情绪的过程。

此外，不仅仅是表达自己的主观感受，还要描述客观因素的存在，特别是受委屈的情况下，一定要用客观的态度和语气，把事情的经过、涉及的人和事物，按时间顺序表述出来。

2. 积极暂停：画画、听音乐

如果孩子不擅长表达，在情绪爆发的时候也不愿意开口表述，或者已经没有更多的脑细胞用于表述感受，但情绪一直憋在心里。这时可选择积极暂停的方式，让孩子离开当前的环境，然后用画画或听音乐的方式转移孩子的注意力，并缓解情绪。大脑恢复理智后，或等事情过去后，再与孩子回忆情绪爆发时的事情经过，或许他能从容地、轻描淡写地说出原因。

有一次，我家孩子爆发情绪，哭得撕心裂肺，我感到很愤怒和无奈。孩子的情绪失控也影响了我。面对困境，我选择了积极暂停，让我们各自做自己的事情。事情过去后，我问孩子为什么哭得那么难过，他却笑嘻嘻地告诉我："因为我想要那个玩具。"当我听到这个答案时，真的哭笑不得。

积极暂停的方法不但适合孩子，也适合父母。积极暂停不是逃避情绪，而是通过做轻松、简单、喜欢的事情转移注意力，作为发泄情绪的出口，只要是做积极的事情，都是允许的。在这方面，一定要跟孩子约定，不能做伤害自己或伤害别人的事情，更不能破坏公物。

3. 事后练习：写日记

如果孩子已经会写字了，建议培养孩子写日记的好习惯。写作有治愈的作用，哪怕孩子只是简单地写一句"今天很开心"。把一天的经历，或给一天的经历做一句话的总结，写在日记本上，不但能帮助负能量找到发泄的出口，更是抒发情感的过程，也是接纳不完美的过程，这是一份宝贵的回忆，也是接纳情绪的证明。写完日记后会发现，其实事情并没有想象中那么糟糕，也没有解决不了的困难，现在就是给困难画上句号的好时机。

小练习：聊聊表情与情绪的故事

根据表情汇总图（如图 3-2 所示），与孩子聊聊表情对应的情绪，还有在该情绪下的有趣故事，别忘了提醒孩子表达情绪的技巧。

图 3-2 表情汇总图

第 三 节

辨别情绪

——"法官"游戏藏玄机，冷静处理情商高

大宝和二宝都想跟妈妈下棋，面对两个孩子的同时邀约，不论先跟谁下棋，都会让另一个孩子感觉被冷落。妈妈灵机一闪，让两个孩子先下一盘，赢的一方可以先跟妈妈下棋。结果两个孩子没玩多久，就吵起架来。

如果你家也是多孩子家庭，或者孩子跟同伴玩耍时也发生过类似情况，你是怎样处理的呢？你会为此感到愤怒、生气，或是无奈吗？会对孩子的某种行为产生厌倦吗？或因此对某个孩子产生不良印象吗？

通过有趣的"法官"游戏解开孩子之间的矛盾，不但能转移孩子在负面情绪上的注意力，还能教会孩子理性地看待问题。在"法官"游戏中，有以下三个步骤可以作为参考。

一 仪式感

在解开矛盾之前，首先要明白一点，父母不是当事人，只是协助孩子化解矛盾，引导孩子更好地化解矛盾的导师，不管面对的是自己的孩子还是别人家的孩子，都要做到重要一点：对事不

对人。这可以减少不公平现象的出现，同时可以给孩子示范处理矛盾的技巧。孩子以后遇到同类事件，就会以父母为榜样，模仿父母的做法来处理矛盾。

当孩子处于负面情绪中，游戏可以轻松把孩子代入角色，分散负面情绪的注意力。

而所谓的仪式感，就需要父母直接进入"法官"的角色，同时一定要配上表情和语气。不仅要有"法官"的威严，还要有"法官"的气场。孩子会被这一仪式感震慑住，很快进入角色，在描述事情和表达原因的时候，多数情况下会老实交代。所以，父母能否代入角色，直接影响游戏的效果。

游戏开始前，需要先宣布游戏规则。一般情况下，孩子的吵闹会影响父母的情绪。父母一皱眉，孩子就会注意到。不同的孩子会有不同的对策，可能会抱怨、辩解或沉默不语。孩子激烈的辩解可能会导致争执升级。因此，在这种情况下，需要让孩子闭言，听候"法官"的命令。每个孩子都需要受邀才能发言，如果没有得到邀请，则应尊重别人，避免插话。游戏规则宣布后，就可以进入下一步。

但在这里并不需要告诉孩子我们在玩"法官"游戏，即使不是玩游戏，父母也需要了解事情的起因与过程，宣布游戏规则的目的是避免再次吵架而影响化解矛盾的效率，更重要的是让孩子学会尊重别人。

二 事件重组，辨别情绪

本部分的重点是引导孩子辨别情绪，并在此过程中发现自己存在的问题。因此，可以侧重于描述情绪引发的行为及其带来的后果，进而启发孩子思考。以我家孩子吵架为例，解决思路是相通的，解决方法仅供参考。

1. 故事背景

我家三个孩子在一起玩，通常情况下，两岁的三宝只会模仿两位哥哥的行为，三宝还不能正确判断自己行为的对与错，两位哥哥理解三宝年龄小，对三宝保持包容的态度。虽然 9 岁的大宝和 5 岁的二宝年龄相差 4 岁，在他们心里却认为大家都是一样的，年龄没有区别，只是称呼上有哥哥弟弟之分，更不需要像包容三宝那样去包容对方。但往往由于这个想法，他们更在意事情的处理是否"公平"。大宝的性格比较务实，二宝有时候会带有俏皮的恶作剧想法。

2. 故事起因

大宝和二宝都喜欢跟妈妈下棋，但妈妈只有一个，当两个孩子同时邀请妈妈下棋的时候，答应的顺序无论怎样安排，总会有一方不满意。我的解决办法是让两个孩子先下一盘棋，赢的一方可以先跟妈妈下棋，这样可以把"先答应谁下棋"的难题抛给他们，不一定每一件事情都能做到绝对的公平，但这样的小技巧还是可以参考的。

大宝和二宝下棋，偶尔情况下，其中一方会想着快点胜出，着急的心态会驱使他做些小动作，可能趁对方不留神的时候多走一步，或者看到自己赢的概率不高就找机会悔棋等，但另一方感受到不公平的时候，肯定是据理力争，挽回自己的权益。结局基本上就是吵架。

3. 事件重组

"法官"："刚刚发生什么事情了？由 A 先说，等下到 B。"

A："他多走了一步棋还不承认，我觉得不公平，不想跟他玩。"

"法官"："你说是他多走了一步棋，你不开心是因为你觉得不公平，对吗？"

A："是的。"

"法官"："现在提问 B，刚刚发生了什么事情？"

B 双手环抱，发出"哼"的声音来表示很生气。

"法官"："你确定放弃辩解的机会？"

B 听了这句话后，露出恍然大悟的表情，说："我双打吃掉他的棋，他却说不能吃，是他不对，我才多走一步棋的。"

"法官"："你的意思是他先做错，还不承认错误，你才故意这么做的，你也很不开心，对吗？"

A："不是……"

"法官"："请 A 停下来，请尊重对方。"

B："是的，他不道歉我不原谅他。"

A："是你要跟我道歉……"

在这个时候，双方都是公说公有理婆说婆理。而"法官"游戏的目的是化解矛盾，并引导孩子反思自己的行为。事件重组可以大概了解所发生的事情，只需要双方有一次描述事情的机会即可，并对孩子的话进行逻辑重组，引导孩子了解自己情绪爆发的起因。这对辨别情绪非常重要。

4. 辨别情绪

描述事件后，进入重点环节——辨别情绪。辨别情绪的重点是让孩子判断哪些情绪是合情合理的，哪些情绪是不合理并需要改正的。情绪没有对错之分，但不能用情绪作为做错事的借口。合情合理的情绪可以被理解，但无理取闹的情绪容易导致孩子的坏习惯越来越严重。如果不及时纠正孩子的行为，他会变得越来越难以管教，这对孩子的身心健康是不利的。

"法官"："你们两个都有做错的地方，并让对方不开心，不开心是做错事的理由吗？"

两个孩子一起摇头。

"法官"："如果是因为自己的行为让对方不开心，

还要求对方道歉，但对方没有这么做，反而让自己生气，这个生气是对的吗？"

两个孩子一起摇头。

"法官"："不正确的生气要怎么解决？吵架对吗？打架对吗？"

两个孩子一起摇头。

"法官"："知道自己做错了，要怎么做？"

两个孩子依然不肯道歉。

"法官"："敢于承认错误，并为错误道歉的孩子，才是好孩子。因为错误而失去好兄弟、好朋友，值得吗？因为不肯道歉，只能自己一个人玩，这是你想要的结果吗？"

两个孩子终于小声地跟对方道歉。

孩子可能并不理解什么是情绪，这就更需要教会孩子判断自己的心情、想法和行为是否正确。辨别是非从辨别自己的情绪和行为开始。合理的情绪别人可以理解并包容，不合理的情绪往往是矛盾的开端，化解矛盾需要每个人都有辩解的机会，让别人了解自己的想法，表达的过程也是判断是非的过程。有些孩子说着说着就心虚了，但有些孩子可能会明知道自己做错却用偏激的方式挽留面子。

这个时候，抓住错误不放并不是理想的解决办法。鼓励孩子换位思考，让孩子站在对方角度感受他们的情绪。通过反问和深入追问，激发孩子的思考和判断力。如果孩子没有亲身经历过矛盾，他们会难以理解对方的心情。因此，在矛盾发生时，他们可以更好地理解对方的感受，学会辨别情绪的合理性，并了解情绪的起因和影响，即时教育可以发挥这种作用。如果错过了即时教育的机会，复盘教育仍然可以。只是教育的内容会略有不同。

三　"结案"

通过玩游戏的方式讲道理，目的是让矛盾得到一个结果，道歉只是基本动作，道歉的时候不一定每个孩子都是心服口服的，但他愿意做出道歉的行为，就要肯定他勇于承认错误的态度。聪明的父母会这样说："表扬你们的道歉行为，这代表对方在你心里是很重要的。你们愿意选择友情，实在太棒了，代表你们的思想又成熟了，真替你们高兴。现在握手，把刚刚不愉快的事情全忘掉，继续一起玩。"

"结案"环节属于游戏的结局，化解矛盾最好能让孩子有明确的行动。例如，道歉、握手、拥抱等方式都属于明确的行动。如果孩子是第一次被要求跟吵架的同伴握手，可能会尴尬或不好意思。如果孩子实在不愿意与对方握手等，也不能强行要求，引导他们继续一起玩就可以了。

但游戏就真的这样结束了吗？肯定不是的，还需要进行最后的重要步骤——启发孩子如何更好地化解矛盾。启发式提问是不错的方式："你能为对方想出更明智的解决办法，去改变结局吗？"

在情绪失控的情况下，孩子没有更多的时间去思考这个问题，但在事情结束后，情绪不能左右孩子做判断时，是启发孩子思考更多解决方案的好时机。

而且，这是一个开放性问题，没有标准答案，也没有答错的压力，给孩子更多的想象空间去自由发挥。你会发现孩子也是化解矛盾的高手，相信他的能力，给他锻炼的机会，让孩子能更好地应对下一次的矛盾。多做类似的开放性问题的思考，孩子的随机应变能力和适应能力会更强，将来更能适应时代的变化。

最后，在时间允许的情况下，"法官"再给这场游戏做复盘总结，把每个孩子的优点都复述一遍，缺点只需要点到即止，肯定孩子在这个过程中做得好的点，想出不错的方案，让孩子给这次吵架留下"良好"的印象，而不是记住不愉快的事情。让孩子多一些积极的回忆，更有益于情商的培养。

小练习：扮演情绪的"法官"

引导孩子观察别人的表情变化，思考对方的心情，辨别对方的情绪，并提问孩子对方由该情绪导致的行为正确与否；如果他有类似的情况，他怎样做可以改变不好的结局。

这样的练习，在陪伴孩子的时候随时都可以进行，也可以购买相关图书，把学到的内容分享给孩子，丰富孩子的观察方法。

第 四 节

释放情绪

——狠狠地宣泄情绪竟然是对的

小华放学后，妈妈急着回家做饭。小华口渴想喝饮料，但忙碌的妈妈拒绝了他的请求。小华尝试多次后，情绪失控，在地上打滚大哭。妈妈既生气又无奈，心里埋怨小华不理解她的辛苦。两人陷入僵持状态。

孩子一直在哭，在刚开始听到哭声的时候，你是不是心疼孩子，担心他哭太久会嗓子沙哑、汗出太多，不及时擦汗容易引发感冒，或是各种担心？但当你尝试安慰、劝解等都无法让孩子停止哭泣后，你是不是开始变得烦躁起来，甚至想把孩子弃之不理？相信父母都有类似的经历，此时的心情可不是一般的煎熬，如果没有正确的处理方法，容易导致"两败俱伤"的局面。孩子因哭太久引起抽搐、失声等状况；父母被哭声弄得烦躁不安，无法继续工作，甚至把一切糟糕的事情都归因于孩子的哭声，严重情况可能对眼前哭泣不停的孩子吼叫批评。

其实，以上行为都是对孩子的误解，哭泣的孩子只是在释放他身体内的负能量。在他不知道除了哭以外，还可以有什么释放情绪的方法时，哭是最直接的方式。对孩子来说，哭是生存本能。

当孩子还处于婴儿时期，饿了不会说话，但他能通过哭声引起父母的注意，让他获得食物来充饥；孩子渐渐长大后，他能通过手指指物品等动作，示意父母猜测他的意图；孩子学会说话后，想要的东西直接说出来。所以，对于孩子哭的行为，父母需要了解孩子哭声背后的动机。

如果你有机会静静地观察孩子从哭泣之前到哭泣的整个过程，你会惊讶地发现，原来孩子整个过程的情绪变化竟然分为四个阶段。

一 表达需求——积极的情绪

不管孩子用什么方式作为表达的载体，这时的情绪都是很积极的，有着对目标的期待与向往，还有着对自己敢于表达的自我肯定。对于害羞的孩子来说，勇敢地表达已经是非常大的进步。我见过很害羞的孩子，想说的话一直不敢说，一旁的父母都替他着急。对于这种类型的孩子，需要更多正面的鼓励。当孩子勇敢表达后，还要及时予以肯定。

前文说过情绪就像一面镜子，它会反映我们内心的真实情感，也会传递给周围的人和事物。此外，可以把情绪理解为交通信号灯，情绪是给自己一个信号提醒。在孩子表达需求的时候，孩子的情绪是开心的、积极的，就像亮着绿灯一样，心情舒畅。积极的情绪有助于孩子充实体力与精力，让孩子身心健康。

二　期待回应——期盼的情绪

孩子表达了自己的需求后，期待着被肯定和回应。例如，孩子想吃已经期待很久的糖果，在完成约定的任务后，哪怕只是一秒钟的等待也会让孩子感到漫长。这种期盼的情绪相信很多人小时候也经历过。你还记得小时候期盼的心情吗？尽管在成年后，比起小时候，我们需要承担更多的责任，所以任何期盼都未必能得到积极的回应，但我们仍需设身处地地理解孩子此时的心情。我们需要感同身受，体会孩子的热切盼望，这有助于营造更融洽的亲子关系。换句话说，就是理解孩子的感受。

但期盼的情绪有时候也很考验人，如果一件事情的等待时间过长，新鲜感、期待感也会随之下降。例如，与孩子约定完成任务的奖励，如果任务的周期过长，孩子对奖励的新鲜感、期待感渐渐下降，完成任务的动力也慢慢减弱。如果想用这份期盼的情绪提高孩子的动力，任务的时间周长与难度也需要相应调整。小奖励对应小任务，积累一定数量的小任务再兑换大奖励，循序渐进地引导。这种方式的设置对于孩子来说比较科学。

若一开始只给出大目标和大奖励，但没有做任务的拆解和引导，孩子大概率是止步不前的。可能是觉得任务太难而产生恐惧，也可能是根本无从下手，但孩子并不一定善于表达内心的想法。这容易导致误解孩子，还可能给孩子贴上懒惰的标签，甚至进行语言冷暴力，一不留神彻底伤了孩子的自尊心。下次再有类似任务与奖励时，孩子可能不屑一顾或不配合。如果经常发生这种情况，积累到一定程度，特别是到了青春期，孩子就很容易叛逆。在孩子期盼的这份情绪上，小小的技巧可以舒缓亲子关系的紧张，及时回应就是最快捷的方式。

三 解读信息——不满的情绪

孩子表达需求就像许愿，解读信息就像揭晓答案，但往往现实与预期总有不一致的时候。这时，孩子心里就会有落差。面对心理落差时，孩子未必能像成人那样从容面对，大部分孩子选择直接表达情绪。例如，通过哭闹、踢桌子椅子、大吵大闹等方式表达内心的不满、失落、伤心、愤怒等情绪。

但是，孩子在表达需求的时候，不一定能考虑到需求接收方（听众）当时的场景。例如，小华妈妈正在厨房忙着做饭，被炒菜的油烟味、电饭锅的水蒸气、燃气灶的温度等热腾腾的环境包围住。在这个场景下，小华渴了想喝饮料，他不一定能理解妈妈的情绪，但他会很积极地向妈妈表达自己想喝饮料的需求。可以设想一下，妈妈和小华各自的想法和情绪会是怎样的呢？

小华渴了想通过喝饮料的方式来解决，这是正常的逻辑。而且，想喝饮料的小华心里美滋滋的，向妈妈表达自己的需求后，也会为自己勇敢表达的行为而开心。表达了需求后，希望获得妈妈的回应，而且是同意的答复。

但在上述场景下，大部分的妈妈是不同意的，理由很简单，饭都快做好了，若喝饮料的量没控制好，这无异于让饮料占据胃容量的一半，接着饭量也会相应减少，不利于健康，而且喝水也可以解决口渴，为什么一定要喝饮料呢？再说，喝水比喝饮料更健康。这时，忙碌的小华妈妈还有可能忽略小华期盼的心情，可能妈妈仅仅简单地说一句不同意，小华的心情就像坐过山车一样，从高空一下子落到地面，这是什么滋味？

在这种情况下，孩子解读妈妈的不同意，心里不单单是失落的心情，更是失望、伤心、生气等负面想法。孩子往往在这个时候会马上发脾气，不管是生气还是失望，都会毫无保留地表达出来。

四 加强表达——强烈抗议的情绪

如果孩子通过哭闹、发脾气、尖叫等方式表达需求，对方依然没有满足他的要求，孩子会把行动升级以表示强烈抗议，矛盾也随之升级。这个时候，在场的人可能都按捺不住内心的烦躁，或许双方都会失去理智，打孩子的行为大概率会出现在这个阶段。

我家孩子多，以上场景都是家里常见的画面。作为妈妈，有时候我能很好地处理，有时候也会有失控的情绪。我能深深体会父母那烦躁、生气、愤怒、无奈与无助的感觉，特别是现场只有自己与孩子，没有其他家人来帮忙的情况下，真的非常考验父母的负能量承受力。在此，我想通过文字深深地拥抱父母们，说一句："其实你已经很棒了，不要对自己有太高要求，孩子发脾气只是暂时的，你肯定能把孩子教好，只是需要时间，我们一起努力！"

经过多次与孩子斗智斗勇的矛盾处理后，我总结出一个方法——让孩子尽情释放情绪，等情绪释放结束后，再处理事情。

允许孩子选择合理的方式发泄情绪是有好处的。当孩子一直哭，哭到自己也不记得为什么哭的时候就不哭了。这个过程，需要父母保持一颗平静的心，陪伴在孩子身边，隔段时间给他补充水分、擦擦汗以防着凉，可以不说一句话，保证孩子处于安全的环境下即可。

如果孩子有暴力倾向，准备枕头、被子等物品，让孩子对着软的东西捶打，既不会伤害孩子，也不影响别人。而且，拳头打在软绵绵的物品上，生气的行为没有得到回应，多打几次后会觉得没意思就不打了，这时情绪也发泄得差不多了。

或许你会问，跟孩子讲道理有用吗？答案是肯定的，但要看时机。不能在孩子释放情绪的时候讲道理，而是等事情过去后，寻找合适的时机再和孩子谈心。谈心可以是很随意的聊天行为，让双方都心情愉悦，不需要有压力，也不能有太多"不行"，聊什么话题都可以，在这个时候讲道理，效果最明显。

我通常选择在事情发生后的第二天，开电动车载着孩子在小区附近兜风，然后跟他们谈心和讨论。选择电动车而不选择自行车，是因为可以不需要力气就能让孩子静静地听我说话，而且大家坐得很紧密，彼此的心靠得很近，孩子的安全感比较强。可以让车速和时间慢一些，让孩子好好享受这段温情的相处时光。然后，把昨天发生的事情平静地描述出来。例如，孩子因为什么，做了什么，对别人产生怎样的影响。最后追问他当时在想什么；发脾气是否得到了想要的结果；除了发脾气，还有什么办法解决；别人被影响后是怎样的心情，有没有做出反抗行为，双方有没有受伤……在这个时候讲道理，立竿见影。

通常在当天或第二天，孩子马上就会改正错误的行为，也能控制自己的情绪，因为他已经理解情绪失控的原因，在事情发生之前就采取了恰当的措施解决困难。当孩子为自己的进步感到开心的时候，还会告诉我："谢谢妈妈教我……（解决难题的方法）。"

但需要注意，选择电动车这种方式与孩子聊天要特别注意安全，不能开到马路上，仅限在小区附近没有行人和车辆的时段，因为双方的注意力主要在聊天的行为上，不能快速对路面情况做出反应，安全才是最重要的。此外，还有很多其他的选择方式，比如和孩子玩玩具、下棋、读绘本、睡前聊天等，安全感强的环境都适合给孩子讲道理。

小练习：聊聊情绪释放的方法

与孩子谈心的时候，讨论释放情绪有哪些正确的方式，记录在情绪记录表（见表 3–1）的左侧栏目。孩子发泄情绪的时候，给孩子选择一种方式，并记录日期和行为。到下次谈心的时候，评价这个释放情绪的做法和效果。

表 3–1　情绪记录表

释放情绪的方式	使用日期	使用效果

克服畏难情绪
—— 做家务就能解决

小宇学琴进入瓶颈期后，我跟小宇妈妈反馈学习情况，但表述时使用了中性的词语，没有足够的肯定和表扬。小宇妈妈听后深有同感地说："是啊老师，她遇到困难要么退缩，要么逃避，真让我担心！"旁听的小宇从那以后就不爱练琴了，更别说进步了。

在十多年的钢琴教学生涯里，我发现有些学生在学习上积极主动，但在生活中遇到困难就望而却步，而有些则相反。但无论何种情况，我最欣赏那些即使有畏难情绪也能克服阻碍的孩子。这样的孩子好培养吗？这是完全可行的，但是需要持之以恒的锻炼。

做家务是克服畏难情绪的好方法。为什么是做家务呢？通过以下三个方面来解答。

一 了解产生畏难情绪的原因

对于孩子来说，他觉得做不到、流程很复杂、任务很庞大等，这都是困难。在面对困难的时候，孩子容易产生畏难情绪，可能会选择逃避的方式回避困难。

如果孩子很少或没有体验过克服困难后的成就感和自豪感，缺乏克服困难的信心是在所难免的。当他们面临难关时，可能会想着自己跨不过去，从而选择放弃。然而，这种态度对孩子的成长有很大的负面影响。我们应该引导孩子培养积极的心态，面对挑战时坚持下去，相信自己的能力，这样才能不断地突破自我，成为更好的自己。

二 降低畏难情绪的沟通技巧

发现孩子有畏难情绪后，若强行要求孩子不要害怕或做他恐惧的事情，不但解决不了问题，还会加重负面影响。那么，怎样引导才能帮助孩子建立直面困难的信心呢？

发现孩子有畏难情绪后，父母一定要重视起来，而且要以身作则示范如何积极乐观地面对困难和解决困难。父母对待困难的态度会影响孩子面对困难时的态度，做好榜样的作用非常重要。

在孩子面对困难并产生畏难情绪的时候，以下三个沟通技巧可以帮助孩子重建信心。

1. 把消极变成积极

孩子学习知识是越学越难，这也证明孩子的水平越来越高。上文举了我自己的反面例子，在教学的初始阶段，我用了不正确的方式来引导孩子，让孩子产生了畏难情绪，导致学习进度非常缓慢。在反思中，我明白了在孩子面前，需要多给他们正面肯定和鼓励，让他们感受到自己的进步和成就。

对孩子说积极的语言，可以用在任何一个方面。积极的语言包含很多层意思，最重要的是向孩子传达"你能做到"这一层含义，这样的鼓励对孩子是非常有效的。

我曾经给一位学生东东代课，东东的钢琴基础不扎实，别说拔高，连正常的教学进度他都很难达到标准。他虽然喜欢上钢琴课，却不喜欢练琴。面对这个情况，东东妈妈在放弃的边缘纠结了很久，妈妈的情绪对东东产生了负面影响。在了解东东的心思后，我改变教学策略，很得意地告诉东东："只要你上课跟着我的思路，弹出计划内的乐句，你回家没有练琴的作业，当然，非常欢迎你随时来琴行练琴。你是聪明的孩子，我相信你能做得到！"原本对钢琴产生畏难情绪的东东开始变得积极，原本弹琴磕磕绊绊，在我的课堂却能超预期地完成任务，东东妈妈还惊讶地反馈东东在家也自觉练琴。

为什么东东会有如此大的转变呢？因为我不停地用积极的态度、肯定的语言、惊喜的表情、欣赏的语句给孩子传达"你能做得到，而且做得很好"。东东一开始持有怀疑的态度，当他真的流畅地弹出一首小乐句时，成就感让他开始相信自己，就这样进入良性循环。积极的语言帮助东东打败了畏难情绪。

2. 给孩子有限的选择

孩子在畏难情绪来临时止步不前，不一定是懒惰，也不一定是逃避，而可能是他不知道如何做，或者不知道从何开始。在这种情况下，给孩子有限的选择可以帮助他尽快摆脱畏难情绪，把注意力专注在解决问题上。

例如，期末考前复习，面对多个学科，有限的时间显得格外紧张，孩子想复习，但不知道从哪一科开始，好像每个科目都很陌生，都需要大量的时间回顾知识点，又会想着复习了这一科目就会落下另一科目，在任务繁重而且时间紧迫的情况下，畏难情绪悄然升起，阻碍了孩子的判断，消极的想法还会让孩子选择放弃。这时，只需要给孩子有限的选择，比如"不是……就是……"的选择建议，让孩子尽快开始行动。

在考试前的周末，可以按考试科目的顺序进行倒序复习。若考试顺序是语文、数学、英语，复习的顺序就是英语、数学、语文。把最先考的科目放在最后复习，每一科考试前都快速浏览知识点，这可以巧妙利用遗忘曲线的特点，让孩子在有限的时间里获得最大的效果，给孩子建议时，按复习顺序给出前两项的选择即可。

3. 肯定孩子的努力

孩子有畏难情绪，其中一个原因可能是他的努力长期没有得到肯定。担心孩子骄傲而不去肯定和表扬孩子，是老一辈父母的想法。父母含蓄的表达方式容易让孩子产生"我不优秀"的错觉，而不是保持谦虚的心态。建议在表扬和肯定孩子的时候就事论事，详细描述孩子做得好的细节，而不是简单的一句"你很棒"。这样不但可以让孩子清楚自己的优势和做得好的地方，还给孩子指明了保持优秀的方向。

这看似简单的方法，却需要父母改变观念，不能不夸奖，也不能太浮夸，需要父母从心底欣赏孩子的优点，真诚地肯定孩子，这对孩子建立自信心非常重要。

三 有趣地安排家务活，可以培养孩子的自信

帮助孩子克服畏难情绪，培养孩子的自信心很关键。多给孩子创造从活动中获得成就感和自豪感的机会，还能帮助孩子分散畏难情绪的注意力、减少焦虑和恐惧感。做家务是很好的方式之一。做家务不但能让孩子在实践过程中培养家庭责任心、掌握基本生活技能、增强独立能力，当孩子完成家务后，还能从成果中获得满足感和成就感。

通过分担家务，孩子可以体验到责任的重要性。当孩子意识到他的参与是家庭运转的一部分时，会感到自己是有价值的，这种意识有助于增强孩子的自信心。在做家务时，会遇到一些难题和困难，比如清洁困难的污渍等，通过学习如何解决这些问题，孩子可以培养解决问题的能力，这种能力的提高也有助于增强他们的自信心。做家务前，引导孩子制定小目标，并一步一步地完成，通过克服每一个小困难，逐渐提高的能力更容易应对畏难情绪。畏难情绪常常会导致拖延症，而做家务需要一定的自律力和坚持

力。通过坚持做家务，可以培养孩子的自律能力，进而帮助孩子克服畏难情绪。

既然孩子做家务有这么多好处，怎样才能让孩子乐意做家务呢？可以借鉴以下三个技巧。

1. 意识的改变

父母不能有"做家务是苦差事"的想法，而是"做家务是件有趣的事情"。

如果你现在是前者的想法，即使你从没跟孩子表达过，孩子依然能从你的表情、语气、行为当中感受得到这个想法。那么，你跟孩子说"做家务是件有趣的事情"并没有说服力，知行不合一很难让孩子相信。

改变别人是困难的，但可以通过改变自己影响别人。所以，想要孩子乐意做家务，父母在意识上的改变非常关键。

2. 家务游戏化

家务游戏化的意思是让孩子觉得做家务就像游戏里的升级打怪。可以把家务的难易程度、任务量等，设置成不同的关卡，根据孩子的年龄分配合理的家务量。

举个例子，把洗碗的工序用兴趣班的考级级别来设置游戏关卡，音乐、美术等兴趣班都会有相应的考级，选择孩子在学的兴趣班，孩子很容易理解，而且会很感兴趣，在沟通上可以达到事半功倍的效果。

　　我家孩子在学跆拳道，所以用跆拳道考级来设置游戏关卡作为例子。跆拳道的考级从低到高依次为白带（10级）、白黄带（9级）、黄带（8级）、黄绿带（7级）、绿带（6级）、绿蓝带（5级）、蓝带（4级）、蓝红带（3级）、红带（2级）、红黑带（1级或一品、二品、三品）、黑带（一段至九段）。

　　但实际上洗碗的工序没有这么复杂，在设置游戏关卡的时候，只需要挑重点即可。"洗碗王者"从低到高的排序如下。

　　①白带——收拾碗筷，擦桌子。

　　②黄带——把盘子洗干净。

　　③绿带——把碗洗干净。

　　④蓝带——所有碗筷洗得非常干净。

　　⑤红带——所有碗筷洗得非常干净，不需要返工。

　　⑥黑带——所有碗筷洗得非常干净，不需要返工，并把洗手盆清洗干净。

　　在"洗碗王者"的游戏关卡里，年龄较小的孩子从白带开始，即使是两岁的孩子也能完成白带的任务。如果孩子没有把桌子擦干净，父母可以帮一下忙，但一定要肯定孩子的劳动，至少要口头表扬，还可以在专门的笔记本或奖励墙上，给孩子画一个白带的勋章图案，或贴上一朵红花。不要小看这个简单的动作，孩子是需要视觉鼓励的，而且越多人知道越好，它能起到提醒和监督的作用。

如果孩子没有洗碗的习惯，但他的年龄已经可以完成绿带或蓝带的任务，可以让孩子按顺序晋级，即从白带开始到黄带再到绿带，每一关卡的任务都要完成。如果孩子不接受一下子就做这么多任务，还可以设置一个时间梯度，第一天完成白带和黄带的任务，第二天增加绿带的任务，第三天再增加蓝带的任务。不管孩子完成的任务多与少，表扬和肯定的语言是必需的，是标配。

3. 晋级的奖励

不建议完成小任务就给大的物质奖励，但适当的精神奖励可以增加。例如，与孩子多下一盘棋、读更多的绘本等，多多满足孩子的精神需求会更好。如果过度依赖物质奖励，孩子会很快对游戏产生厌倦，失去新鲜感。因此，在设定奖励时，完成大任务才给大奖励，孩子需要积累一段时间的任务量。

当孩子能力有限时，不应期望孩子一下子就能洗干净碗盘。建议父母给孩子足够的时间，慢慢提升孩子对干净的标准和能力。例如，孩子完成了蓝带的任务，但有些盘子的油光未被洗掉，不应该批评孩子，而是先要肯定孩子的付出，再提出建议。孩子爱听的话是："感谢你帮我收拾碗筷，擦了桌子，并努力洗完了所有的碗盘。你真是我的好帮手，我很感激你的付出。今天的菜稍微多放了一点油，有些盘子上还残留油光。但是，不要气馁，下次你洗完碗盘后可以再检查一遍，很快你就可以成为红带了。只要努力加油，我相信你一定能完成红带任务。之后，我会给你更高级别的任务。"这段话既肯定了孩子的付出，又对孩子进行了建议和精神奖励，重点是激发了孩子前进的动力。这也是设置任务等级的技巧。

希望孩子独立完成一件事情，最忌讳的是要求孩子马上能做好，这是不符合孩子的生理和心理特征的，还容易让孩子产生挫败感，往"我不行"的想法倾向。孩子的学习是循序渐进的，在此过程中不断给予孩子肯定与鼓励，孩子的自信心会一点一滴地建立起来，这就是完成任务的成就感与自豪感。同时，需要让鼓励可视化，当孩子遇到困难并出现畏难情绪时，把孩子做过的家务、获得的勋章与奖励逐一描述出来，边描述边说"你是最棒的""你能做得到"。不但有激励，还有证据，这作为孩子击退困难的策略非常有效。

小练习：给家务劳动设计游戏规则

让孩子做家务有很多好处，克服畏难情绪仅仅是其中一个方面。参考上述例子，跟孩子一起给家务劳动设计游戏规则。不管孩子有没有开始劳动，都可以跟着以下步骤进行练习。

①列出孩子现阶段在做的、能做的、将要做的家务劳动。

②列出孩子喜欢的游戏、兴趣班等。

③让孩子给家务劳动赐予头衔，比如洗碗王者、拖地小能手、晾衣服高手等。

④在每项家务劳动的头衔下设置等级。

⑤与孩子一起讨论每项劳动游戏的级别和对应的详细任务。

⑥设置光荣榜、奖励墙、红花本等。

⑦讨论奖励细则。

建议使用家务劳动一览表（见表3-2），来填写对应的内容。

表3-2　家务劳动一览表

序号	家务	头衔	等级	等级任务	奖 励	备注
1	洗碗	洗碗王者	六	①白带——收拾碗筷，擦桌子； ②黄带——把盘子洗干净； ③绿带——把碗洗干净； ④蓝带——所有碗筷洗得非常干净； ⑤红带——所有碗筷洗得非常干净，不需要返工； ⑥黑带——所有碗筷洗得非常干净，不需要返工，并把洗手盆清洗干净	①红花方案：白带1朵红花；黄带2朵红花；绿带3朵红花；蓝带4朵红花；红带5朵红花；黑带6朵红花 ②奖品方案：一周完成××朵红花，奖励×××；一个月完成××朵红花，奖励×××	

数字游戏：

上方数字为该列需要经过的方格数；

右方数字为该行需要经过的方格数。

	1	3	1	3	1	
→						2
						1
						3
						1
						2

这是我送给孩子的第三份礼物：数字迷宫。
情绪无法释放时就来玩一玩！

第四章

培养行动决策力

犯错是正常的现象，试错是非常有价值的事情，关键在于如何引导孩子从错误中提取出宝贵的经验。而行动决策力就像自驱力大树的年轮，经一事长一智，每一次经历都为孩子的成长提供养分。本章分享的方法建议至少要带孩子实践一遍。

第 一 节

选择的权利

——给孩子做选择题，而不是问答题

飞飞妈妈赶着出门办事，但家人都外出了，只能带上飞飞同行。在看电视的飞飞早已忘了出门约定，即使妈妈万般催促，飞飞依然慢吞吞。无奈之下，妈妈只能先跑到电梯口，然后叫喊着："快点啊！电梯到啦……"

有没有发现每当你忙着出门办事，却又不得不带上孩子时，孩子大概率是磨磨蹭蹭的，即使提前告知了出门时间，或进行了出门倒计时，孩子依然拖拖拉拉。这时心急如焚的你有没有想过抓起孩子撒腿就跑？但越是万般着急，孩子越可能以暴躁脾气作为催促他的回应。当双方都处于最激动的状态时，此时的场面就像即将爆发的火山一样。

孩子出门磨磨蹭蹭，一方面是孩子的行动力不足，另一方面是孩子在决策态度上不重视。如何解决这个问题呢？可以做好以下准备。

一 提前告知活动的时间和意义

被催促的孩子都是"被迫加速"，孩子不一定知道加速的原因，或是知道原因也不一定配合，还有可能是想加速但能力范围内做不到，在这里有可能是年龄的因素，也有可能是其他方面的原因。但是，对于等待者只有一个想法——不管什么原因，只要能让孩子加快速度配合自己，什么方式都可以尝试。

当人处于心急如焚的状态下，大脑多数情况下处于缺氧的状态，不是生理上的缺氧，而是大脑被焦急的情绪占据了大部分空间，腾不出心思去思考孩子动作慢的真正原因，也容易忽略孩子的情绪需求，导致对孩子大声呵斥的时候，换来的不是孩子的全力配合，而是孩子的暴躁脾气。想要减少这种尴尬局面，提前告知孩子活动的时间和意义显得尤为重要。

要让孩子配合父母，需要让他们意识到活动的重要性和时间，但不能简单地说一说就完事。可以用孩子容易理解的方式，如讲故事或打比喻，来表达意思，并通过提问来确认孩子是否理解。虽然这需要花费时间，但是做好思想准备可以提高孩子的行动力，就像磨刀不误砍柴工一样。

举个例子，带孩子看医生需要预约挂号，如果爽约，可能被列入黑名单，连续三次就会取消预约挂号服务，换言之，挂号属于紧急且重要的事情。如果在这种情况下，还要前往下一个活动，但看病时间不确定，唯一做法就是提前出门，确保紧急重要的第一件事情能尽快完成，以保证后续顺利进行。

以下三种方式，哪种方式孩子会配合呢?

①到了出门的时间，才告知孩子。

②出门前 10 分钟，告知孩子。

③出门前一个晚上，与孩子商量具体细节。

相信你心中已有答案，现在进行简单的分析，就能明白提前告知孩子的重要性。

①到了出门的时间，才告知孩子

如果孩子当时正在玩最喜欢的玩具，出门这件事情就打断了他玩玩具的心情。同时，孩子的专注力也被打断了。虽然孩子可以在车上或回家再继续玩，但对于培养孩子的专注力来说并不是一件好事，因为孩子是在没有提前预知的情况下被迫停止当下的活动，不愿意、不开心的负面情绪，或许会在表情或行动上直接表现出来。对于不情愿的事情，孩子的态度多数是跟父母对着干，表现出来就是不配合父母的行动，所以这种方式不可取。

②出门前 10 分钟，才告知孩子

如果迎接孩子的是有趣的事情，而且这件事情与他有关、对他有利，孩子可能已经迫不及待地做好出门的准备。但如果迎接他的事情并不是他所想的，他的心情和行动肯定不像前者那样积极主动。但这种方式顾及了孩子多方面的因素，即使孩子再不愿意，起码他拥有了一个缓冲期，也不至于那么抗拒。

③出门前一个晚上，与孩子商量具体细节

这种方式不但可以让孩子充分了解他要做的事情，且对事情有一个预期的判断。假如孩子不愿意做这件事情，也有充足的时间给孩子做思想工作，让双方都达到你情我愿的状态，做起事情来更有干劲，减少彼此的自我消耗和误会，让双方的关系更加融洽。这是最理想的状态。

但现实生活中，有计划的事情可以做到③。若遇到突发情况，尽量选择②。若是万般无奈下，①则需要父母更多的冷静与耐心，这可减少后续大部分的麻烦。

例如，带孩子看病，如果一直没挂上号，突然刷到一个名额，而且需要马上出门，这个情况下如何做到第二种方式呢？分享一个小技巧，可让孩子快速进入游戏角色，并愿意配合。

> 妈妈："宝贝，告诉你一件好玩的事情。现在，你需要马上放下手上的东西，边听我说边穿鞋子，一分钟都不能浪费。快，马上行动。"

孩子听到是好玩的事情，又听到"放下手上的东西""马上行动""一分钟都不能浪费"等要求和信号，孩子就会以为他在玩游戏，神经一下子就兴奋起来。或许孩子会不停地问为什么，如果问就给他解释，但要求他不能停下出门前的准备动作。在解释的过程中，可以用讲游戏规则的方式来描述接下来要进行的活动。

妈妈："我们要进行一项特殊任务，要在 11 点之前赶到医院，并且快速完成报到等工作，这个时候会有'敌人'在周围潜伏，你一定要拉紧我的衣服不要走丢。到了儿科门诊后，你快速找到 3 号室的王医生，如果时间把握得好，我们可以直接进门。我们的特殊任务就是让王医生帮助你把身体内的病毒赶走，他会给你问诊和开药，你如实回答医生的问题就可以了。以上任务，我讲清楚了吗？"

　　这段描述是在出门的路上给孩子解释接下来要做的事情，其实就是给活动加了"特殊任务"的帽子，再配合父母的表情和语气，孩子的表现就会与平时不一样，即使孩子笑场，也要角色代入，跟孩子说"这是一件严肃的事情，不是跟你开玩笑"。孩子大概率会认真听你的指挥，或许他还会给这项特殊任务加很多故事情节。这样，让孩子配合行动的目的就达到了。

二　优化执行细节和奖惩制度

　　即使给孩子解释了活动的重要性和紧急性，但孩子有可能依然是不紧不慢的态度，这就需要优化执行的细节和奖惩制度。例如，5 分钟内完成约定的事项，奖励行动勋章 / 积分 / 小红花等；如果 10 分钟内还没完成约定的事项，对不起，需要扣掉相应的行动勋章 / 积分 / 小红花等。这些行动勋章 / 积分 / 小红花的设置可以与孩子的心愿清单挂钩。

　　在设定奖惩制度的时候，要跟孩子讲解设置的初衷，并与孩子讨论正面与负面的情况，以及商量怎样的制度标准他愿意遵守。即使在紧急情况下没有讲清楚奖惩制度，过后一定要找机会深入讨论，一定不能嫌麻烦。

三　给孩子做选择题

　　不管孩子有没有选择困难，要求孩子配合父母做一件事情，比较高效的方式是给孩子做选择题，跟着父母的思路一步一步往前走。

　　例如，孩子在搭建积木城堡时，你告知孩子要出门，这时候孩子的内心是犹豫不定的，可能两件事情他都想做，但鱼与熊掌不可兼得。如果你确定要孩子跟着你出门，就可以给他提供定向选择："你希望穿凉鞋还是穿拖鞋出门呢？"在这个选择题里，不管孩子选哪种方式，他都是要出门的。做了选择后，他会跟着你的思路配合你的行动。

　　这种选择题最常用的场景是孩子在室外泳池游泳不愿意上岸。虽然玩水是孩子的天性，但在室外游泳时间长了容易感冒。孩子倔强不肯上岸时，就可以用选择题的方式。特别是年龄较小的孩子，这一招很管用。例如，"你想像小鸭子一样摇摇摆摆地走上岸，还是像海狮一样湿漉漉地爬上岸呢？"虽然最终目的只是上岸，但将不同的动物加入其中，能够激发孩子的想象力，分散注意力。同时，可以加入其他小情节，如模仿小动物的叫声与孩子对话，孩子会觉得很有趣，也更愿意配合。

在《正面管教》里提倡"温柔而坚定"，运用在培养孩子的行动决策力上，更多的是考验父母的沟通技巧。"温柔"对应的是好情绪，前文讲述了如何培养孩子的情绪管理能力，方法同样适用于父母。"坚定"对应的是解决办法的多样性，就如本部分所讲的有限选择还可以变换多种花样。这些技巧都是给孩子示范如何更好地做决策和提高行动力，因为父母是孩子的模仿榜样，孩子的大脑会记录父母对每一件事情的行动与决策。

小练习：帮布娃娃穿衣服

给孩子一个布娃娃，让他担任父母的角色帮布娃娃穿衣服。例如，不同的天气、不同的场景，需要选择不同的衣服。在孩子做决策的时候，跟孩子讨论为什么做这样的选择。从布娃娃延伸到孩子的穿衣打扮，让孩子给自己选择每天要穿的衣服。这样不但培养孩子的审美观，还让孩子每天为自己做决策，同时把决策能力延伸到更多的方面。

第 二 节

试错的机会
——错一次，下次就对了

5 岁的小鑫很喜欢扔东西。一天晚上，小鑫拿起积木就扔，根本没考虑坐在前方的妹妹的安全。妈妈发现后马上制止小鑫，小鑫被妈妈生气的表情吓着了，还觉得妈妈只爱妹妹不爱他，就大声喊道："我不听，我就要扔！"

你家孩子有没有过为了一件小事倒地打滚，还大喊着不听父母建议的情况？在孩子情绪极端崩溃的时候，容易做出失去理智的行为，这时候无论孩子做什么说什么，都不一定代表他的真实本意。面对听不进去建议的孩子，可以怎么做呢？下面分享三个小心得。

一　第一次出现错误，温柔提醒

孩子的社会阅历较少，思想不成熟、行为不理智，有时候是在所难免的。但孩子可能压根就不知道自己的某些行为是错误的，但如果犯错时没有人对他进行批评或教育，孩子会误认为这个行为是被允许的。因此，在发现孩子第一次犯错的时候，就应该引起重视，这个重视不单单是纠正眼前的错误，更重要的是思考未来更多的可能性，简单地说，就是全局观。

孩子表现出来的缺点，特别是无论怎样提醒或者批评都很难改正的缺点，大多数是因为他在第一次犯错的时候，没有得到正确的引导和教育；或后续犯错时，也没有得到正确的批评教育，也或许是孩子的印象不深刻，改正错误的动力比不过根深蒂固的错误观念，成了"历史遗留的疑难杂症"。所以，当发现孩子第一次犯错的时候，应该把目光放远一些，而不仅仅是解决当下的难题。此外，表达的方式也在一定程度上决定了孩子能听进去多少。温柔提醒的方式，既保护孩子的自尊心，又让孩子明白行为不恰当的原因所在。

例如，孩子在家里喜欢翻抽屉，在孩子小的时候，翻抽屉是因为好奇，这一点可以理解。但当孩子到了小学阶段，去别人家做客依然喜欢翻别人的抽屉，或者不经过同意翻阅别人的东西，虽然他的动机是好奇，但对于别人来说，这个行为是冒犯，不是所有人都可以接受这个行为，这时就容易出现尴尬的场面。

那么，当孩子第一次翻自家的抽屉时，特别需要正确引导，帮助孩子建立边界感，告诉孩子需要经过别人允许才能打开抽屉。即使孩子年纪很小，甚至不到一岁，这样的提醒也非常重要，孩子的前三年是输入阶段，他不一定能给父母反馈，但如果没有输入阶段，到了输出阶段孩子的行为就会与父母的期望产生差异，因为他没有 "经过别人的同意才能打开抽屉"的概念。

在孩子第一次犯错时，对错误行为的温柔提醒相当于给事情下定义，让孩子先有了正确做法的概念，才能让孩子有机会理解概念的意义。

二 第二次出现错误，严肃提醒并讨论

同一件事情，当孩子第二次犯错的时候，就要开始引起重视，要确认孩子是否理解第一次犯错时你所提醒的内容。如果孩子表示不理解，需要重新解释，这次需要从孩子熟悉的人或事物方面，通过比喻或讲故事的方式让孩子理解。而且，在沟通过程中，表情语气等都以严肃的态度为主，目的是让孩子知道问题的严重性。

如果你用温柔的表情或态度跟孩子沟通，孩子会很难意识到自己的行为出现问题，因为你所说的内容的严重性与表情不一致。

除了严肃提醒，还要跟孩子讨论错误行为可能造成的后果，这是培养孩子用成长性思维解决问题的方式。孩子的想法很单纯，不一定会考虑到行为带来的严重后果。讨论时，孩子会逐渐领会对错，进而在其他行为中也能做出判断。在讨论中，还可以了解孩子是否有正确的价值观，若出现偏差，就是纠正的好机会。

三 第三次出现错误，创造被别人批评的场景

很多时候，即使对犯错误的孩子进行多次批评教育，但孩子依然是无动于衷，孩子可能觉得实际情况并没有讨论中那么严重，也可能觉得永远可以获得包容，又或者孩子是知道自己错了但下

一次还是忘记了，然后继续做出错误的行为。

其实，教育孩子并不是教一次，他就能做好的。但在教育孩子的过程中，父母往往用了成年人的标准来评判孩子，而忽略了对孩子的教育需要反复进行并需要变换多种表达方式这一细节。

那么，帮助孩子改正错误行为真的需要多次苦口婆心地批评教育吗？白天上班已经够累了，回家有一堆的家务活，还有来自各方面的压力，看到孩子在错误行为上屡教不改，说真的，看着也觉得心烦，如果情绪控制得不好，还可能演变成鸡飞狗跳的场面，这真不是大家想要的结果。

批评孩子会觉得心烦，不教育孩子又担心越做越错，有什么办法可以解决这个矛盾呢？我赞成挫折教育，不要害怕孩子犯错误，而是鼓励孩子在错误中成长。同时，建议给孩子创造被别人批评的场景。

孩子迟早要面对社会，但不是每个人都能包容孩子的错误行为，趁孩子年纪还小，社会对他有一定包容度的时候，邀请信任的人对孩子的错误行为进行批评教育，让孩子感受在没有父母的庇护下，错误的行为会得到别人怎样的负向反馈。但是，负向反馈会让孩子觉得难受，或许父母在场也会觉得尴尬或不好受，但此时，绝不能为孩子辩解，而是让孩子承受这部分的压力，过后再与孩子共情与谈心，最后再理性地跟孩子分析错误的行为对别人产生的影响，并强调父母的建议是多么的真诚。这个技巧亲测有效。

　　我家孩子小的时候没有建立很好的边界感，孩子也不害羞，不管到哪里他都可以当作自己的家，有时还会有一些过分的行为。例如，没有经过别人的同意就吃别人的零食，或是很好奇别人的抽屉里有什么东西，这些行为都让我很懊恼，但我又从中发现了一个可行的解决办法。

> 　　孩子放暑假的时候，带着他去公司上班，叮嘱他认真写作业，然后我就忙自己的事情。当他无聊的时候，会对周围的环境充满好奇，好奇心驱使他去翻阅别人的东西，然后就被对方大声批评。虽然我觉得很尴尬，但他的行为的确冒犯了别人，有错就要承担责任，不能因为他是我的儿子就包庇他的错误。孩子被批评后，我拉着他的手跟他聊天。接着，我用炮弹式提问解开了他的心结，还纠正了他的错误行为。

　　炮弹式提问是什么呢？具体如下。

1. 发生了什么事情

　　这个提问是让你克制自己的情绪，听听在孩子的角度他是如何描述这件事情的。如果忽略这个提问，或许你有可能单凭自己的主观意识或对事情片面的了解对孩子进行批评，这个批评如果不是事实的全部，孩子会觉得很委屈，还有可能拒绝继续沟通。这就达不到教育孩子的目的了。

2. 你为什么这么做

第一个问题针对的是孩子对这件事情的客观描述，第二个问题针对的是孩子的行为动机，也是给孩子解释的机会。或许孩子的理由很牵强，或许孩子会撒谎，但这个问题不需要对孩子的回答进行评判，即使孩子撒谎了，后面还有机会再次提问，这个问题的重点是让孩子觉得跟你坦白是一件安全的事情，而不是一开口就被责骂。

要注意一点，倾听的作用是让孩子说出内心想说的话，如果孩子在这个时候再一次被责骂，相当于心灵被二次伤害，这不利于纠正孩子错误行为的推进。所以，提问的时候要用温柔的语气，哪怕是孩子有错在先，也不能用凶巴巴的语气来提问，这个细节很重要。

3. 别人有什么反应

第三个问题是引导孩子关注别人的行为和想法，也是教给孩子换位思考的重要提问。孩子通常会以自我为中心，这是儿童心理发育的特征之一。如果不进行这个提问，孩子可能也不知道可以这样去思考问题。如果孩子原本就不知道有这么一回事，他又怎么能做到换位思考呢？如果没有教过孩子却又要求他换位思考，就像给孩子扣上莫须有的罪名，孩子的委屈就在于父母的"我以为他知道，他却真的不知道"。

如果孩子回答不了这个问题，可以描述你所看到的一切，或者问孩子："假如你是他，你会不会不开心……"尽量用孩子听得懂的词语或句子来描述对方的感受，让孩子回忆对方生气的画面，帮助孩子理解对方的感受。

4. 你觉得怎么样

第四个问题是对整件事情的一个总结，年龄稍大或表达能力较强的孩子，他能对这件事情做一个判断，知道谁对谁错。如果不确定孩子是否真的知道自己的错误，追问一句："你知道自己错在哪里吗？"如果孩子回答正确，要对孩子承认错误的行为进行肯定。如果还不知道错误是什么，耐心地解释他的错误点，并与他确认这些错误的行为是否是他的本意。在这个时候，需要心平气和地客观描述孩子的错误行为，而不是加入自己的情绪，让孩子产生抗拒，最后还是要让孩子承认自己的错误。

5. 还有什么想法

第五个问题是对整件事情的补充，引导孩子说出自己的解决办法。例如，道歉等行为，或者是下次遇到同样的情况，他可以怎样解决。这些都会成为他解决问题的经验。通常在这个时候，孩子的情绪已经稳定下来，他的理智脑也渐渐恢复工作，这时对孩子进行教育是最好的时机。尤其是经历了前面的事情后，他更容易听得进父母的建议。

6. 妈妈平时教育你的话是否正确

第六个问题非常重要，一方面，树立了父母的威信，因为你已经预判了类似的情况，只是他自己没有注意改正错误而发生了不愉快的事情。另一方面，让孩子明白听父母建议的重要性，父母的批评教育是真心为他好，而不是随意批评他。或许孩子在这个时候不一定会承认你的好，或者笑着逃避承认，但也没关系，他的内心大概率是明白了这个道理的。

7. 下次你会认真听妈妈的建议吗

第七个问题是对第六个问题的重复与强调，然后再与孩子聊一些开心的话题，这件事情就结束了，教育的目的也达到了。

炮弹式提问的方法可以运用在很多场景，特别是孩子做错事情却又不肯承认错误，而且情绪达到极端崩溃的时候，这种提问方法依然有效。只需要在提第一个问题的时候，耐心地疏解孩子的情绪，可以通过拥抱孩子、说些孩子爱听的话、播放孩子爱听的歌 / 视频等方式，分散孩子的注意力，让情绪平缓下来再继续提问。问完这七个问题后，孩子的行为决策能力就会有所提高，这一次他会真正意识到自己的错误，并且愿意改正错误。

> **小练习：不经过别人同意拿别人的糖果，这个行为对吗**

睡前谈心时间可以设计一些场景让孩子做决策，在场景中加入孩子平时出现的错误行为。例如，不经过别人同意拿别人糖果的场景。让孩子在做判断的过程中，意识到自己的行为不正确，引导孩子说出正确的解决方法。这既保护孩子的自尊心，又让孩子主动改正错误，一举两得。

第 三 节

为结果负责
——三思而后行

尚尚很爱吃零食，小小年纪就吃出"啤酒肚"，妈妈尝试了很多方法依然阻止不了尚尚偷偷吃零食的行为。这次体检报告出来后，妈妈告知了问题的严重性，尚尚答应会戒掉零食。没过多久，尚尚却说："妈妈，我后悔戒零食，我越来越想吃……"

你家孩子有过决定要做一件事情，结果才刚开始就说后悔的吗？而且，在他开始之前，还说了很多坚持的理由，但坚持没多久就全部推翻了。这样的孩子给你的印象是什么呢？你会觉得他不靠谱吗？你会担心他成为言而无信的人吗？

孩子的思想不成熟，出现以上的情况是可以理解的。但是，放任他带着这个习惯长大可不是一件好事。培养孩子优良的品德，需要从小开始。例如，孩子应学会三思而行，确保做出更加合理的决定，并为自己的行为负责，从而成为一个值得信任的人。

如何培养孩子值得信任的良好品德呢？可以简单总结成三步。

一 分析

"分析"这个词对于孩子来说比较深奥，但其实在与孩子交流的时候，探讨一件事情的好坏就是分析的过程，不一定要告知孩子分析这个词，但一定要跟孩子讨论对事情的看法，可以用 3W 方法进行讨论，即为什么、是什么、怎么做。提问的时候，要从简单的原理出发，结合具体的场景进行扩展延伸。

举一个简单的例子，孩子喜欢喝饮料，与孩子分析对饮料着迷这个话题的时候，可以怎样运用 3W 方法呢？可以参照下面三个问句。

1. 为什么饮料会让你着迷呢

问孩子"为什么"的目的是启发孩子深入思考，而不仅仅停留在表面。通过问"为什么"，可以让孩子更全面地思考这个问题。这样的训练也有助于培养孩子的发散性思维能力，而发散性思维能力对于培养孩子的创造力也有很大的帮助。

或许孩子会回答"因为饮料味道好，喝了之后心情愉快……"这些都是他的真实想法，不能嘲笑理由过于简单，也不要反驳孩子的想法，而是等孩子说完后再补充自己的看法。这可拉近亲子之间的距离，让孩子愿意继续交流。

要注意一点，想引导孩子改掉爱喝饮料的坏习惯，提问时最好不要带有自己的态度和意见。如果表现出对孩子的指责和批评，孩子会觉得有压力，进而拒绝交流。

2. 爱喝饮料是一件好事还是坏事呢

关于这件事情的利与弊，由父母来主导。在这个问题的讨论上，要充分展示父母的观点。可以借助网络搜索关于这方面的优点和缺点，让孩子自己明白这件事情的利弊。孩子自己明白的道理与父母强塞的道理，就像主动与被动的关系，在思想上得到的结果是不一样的，体现在行为上也有很大的差别。

分析时，先从孩子喜欢喝饮料这个点切入，传达喝饮料的好处：解渴、开心、快乐回忆等。引导孩子认同这些优点，然后关注缺点，并强调每件事物都有两个方面，需要站在中立客观的角度去思考问题，而不是只看到好的方面而忽视不好的一面。这可以培养孩子分析问题的能力，并教会他如何做出判断。

爱喝饮料有什么缺点呢？例如，饮料对牙齿有一定的危害，身体也有可能对饮料中的某些成分产生过敏等。关于缺点的分析，可以跟孩子一起在网络上搜索，通过听觉和视觉的方式加深孩子对缺点的印象。有图有证据的方式比单纯地讲述会更有吸引力。

如果针对的是孩子不愿意做却是对他有利的事情，可以重点分析这件事情对他有利的方面，除了网上搜索资料的方式，还可以通过名人案例、游戏、故事等方式让孩子理解。

3. 怎样做才能改掉爱喝饮料的坏习惯呢

第三个问题是指导孩子行为决策的提问，是落实到具体如何做的层面。在前面已经让孩子明白了爱喝饮料的危害，接下来就是让孩子作出承诺与行动。如果没有这一步的提问，前面的提问就变得毫无意义。

讨论让孩子改掉爱喝饮料的方案，可以从饮料的选择和喝饮料的频率入手，不建议一言堂立即反对孩子喝饮料，而是给孩子一个缓冲期,逐渐减少喝饮料的频率,降低饮料对孩子身体的危害。

假如把爱喝饮料换成爱玩电子产品,解决方案是相通的,如果立即采取极端的措施让孩子隔离电子产品,孩子对电子产品的想念程度会更加强烈,情绪也会立即爆发,甚至做出不理智的行为。建议在解决方案的讨论上,给孩子一个合理的过渡期、缓冲期,让孩子在合理的时间范围内改正坏习惯,或降低坏习惯的频率。

二 决策

决策可能是一分钟甚至是一秒钟的事情,决策前的考虑却是漫长的,就如分析环节,用 3W 方法展开讨论也可以讨论半天,这都是为决策做铺垫的,这也是"三思而后行"中的"三思",至于"后行"是后续的执行环节。所以,决策起到承上启下的作用。而且,它更在乎思想上和态度上的转变。如果只是流于形式地做决策,容易出现前文所说的决定后又后悔的情况。

如果想要培养孩子值得信任的品德,就需要在做决策前,引导孩子衡量利弊的影响,考虑达成目标的可行性。如果只是随随便便地做决策,或对决策的内容不执行,这个决策就没有意义,还给人留下撒谎的嫌疑。一件事情即使很好,但如果太难或实现度太低,不切实际地追求也不是一个好决策。例如,参加高级别的钢琴考级取得好成绩是值得的,但若孩子只处于初级水平时,执意跨越几个级别去考试就不是好的选择。

好决策，至少是孩子有能力完成的内容，即使有难度，但孩子通过努力可以完成，才能称得上是合理的决策。例如，孩子的钢琴水平处于初级阶段，稍稍努力就可以考到三级，孩子下定决心为这个目标而努力，这就属于好决策。基于这一点，父母可以迅速自检，分析目前孩子的哪些行为决策是合理的，哪些是不切实际的。如果单纯地要求孩子按照父母的意愿去做决策，孩子可能做不到或不愿做。若不了解这一关键点，父母可能就会觉得很有挫败感，最后导致"两败俱伤"，伤了和气。

比较简单的决策方式，是根据分析环节的怎么做这一个问题所讨论的结果，让孩子判断回答这件事能不能完成，能完成多少，愿不愿意完成，预判能坚持多少天，最后才下结论，制定目标要完成多少内容等。孩子描述得越详细，执行力就越强。

三 执行

有了分析和决策两个环节的铺垫，执行就是要得到一个结果。关于执行，按执行的程度还可以分成三个层次：第一层，随便执行；第二层，尽力完成；第三层，超额完成。

尽管之前进行了许多铺垫，但孩子的理解力和执行力并不一定达到成人水平，父母认为他的任务只是马马虎虎完成，而他却觉得自己已尽全力。这种认知误差如何减少呢？答案是，清晰明确地描述执行任务的步骤和标准，将每个执行环节细化，甚至将每一步中涉及的操作和目标层次都详细阐明。

工作中有一种叫作标准作业程序（SOP）的流程。所谓 SOP
（Standard Operating Procedure），即把某项工作的步骤和要求用
统一的方式描述出来，以指导和规范日常工作。同样地，也可以
将 SOP 用于孩子身上。例如，可以将目标量化为"10 天内最多喝
5 次饮料"，并逐步减少次数。同时，需要细化执行规则并制作
登记表格，以便孩子更易于遵守约定，并根据孩子的表现给出奖
励或惩罚。

在指导孩子完成任务时，除了制定明确的操作规程外，还
需要讨论奖励和惩罚的标准。因为孩子执行任务时需要一定的
激励，在没有奖惩机制的情况下，孩子可能会试图挑战规定，
如果不及时制止，孩子遵守规定的难度就会增加。

但在实际情况下，很难做到 24 小时监督孩子是否执行约定。
所以，选择奖励与惩罚的方式作为执行的约束比较合适。而且，
孩子会长大，单靠监督很难培养孩子的自驱力，但用标准来约束
孩子，孩子的行为习惯就可以从小就得到培养。

对于已经达成共识的约定，要求孩子遵守和执行，这是他选
择的路，即使后悔也必须完成约定的任务。分享一个小技巧——
在制定约定时，设置合理的期限，这样即使孩子后悔也仅是暂时
的心理压力，孩子能够承受。但不能是无限期的压力，这会对孩
子的心理产生负面影响。期限结束后，进行复盘，奖励好的，勉
励或惩罚不好的。这样也可以潜移默化地教会孩子项目管理的能
力，比如管理任务、执行过程、人际关系等。

小练习：制定一项任务的SOP

在愿望清单里，与孩子一起挑选一项有挑战性的活动，共同完成这项任务的SOP，参考使用项目SOP表（见表4-1）。家庭读书会是不错的任务，你们会如何计划和执行呢？

表 4-1　项目 SOP 表

时 间	任 务	具体执行内容	进 度	奖惩标准	执行结果	复 盘

第 四 节

CEO 复盘法
——让后悔的事情，发挥最大的价值

楚楚很喜欢数学，平时的成绩都不错。在一次测试里，楚楚考得不好，发试卷时心情特别差，就在课堂练习纸上写了很多不好的字眼以发泄情绪。老师发现后，批评了楚楚并罚他抄试题。冷静下来后，楚楚心里埋怨道："如果刚刚没有乱写，就不会被罚了！"

你有没有发现当你冷静下来回顾一件后悔的事情时，大脑会蹦出很多很好的解决办法，但在这件事情的进行时，你压根没有时间和脑力去思考这些解决办法。那么，如何让后悔的事情发挥最大价值呢？怎样教孩子积累关键的经验呢？

现在，可以跟着下面的步骤回顾一件后悔的事情，并把关键的经验提取出来，然后再把这个方法分享给孩子，也可以带着孩子一起做复盘的经验萃取。

一 写下一件觉得后悔的事情

在后悔事情的选择上，优先选择一件对你影响较大，或是最近发生的事情。先自己做经验萃取，这件事情有可能让你觉得不愉快或者尴尬，但在复盘过程中只有你一个人，你可以轻松放下情绪包袱或思想包袱，用更中立或客观的态度去复盘整件事情。如果是带着主观情绪去复盘，或许有些可以纠正缺点的方法会因此被忽略。愿意接受并改正缺点，才能更好地提升思想格局。

二　回忆当时的具体对话和行为

点燃一个人的情绪通常是由对话开始，或许你不知道错在哪里，但对方可能因为你的某个语气或某句话被激怒了，让原本很容易解决的问题变得复杂。所以，在回忆双方的对话和行为时，尽量还原真实的场景和对话等方面，特别是双方的矛盾点，这样才能让自己有扬长避短的机会。

三　回忆当时的心情

写下当时的真实心情和想法，而且要尽可能地描述细节。假如后悔的事情是吵架，回忆当时是因为对方的哪一句话、哪一个表情、哪一个语气等，让自己的行为产生变化，变化前后的心情又是怎样的。这些往往就是自己的内心卡点，不管今天是与谁相处，明天不同的人说了相同的话或用了相同的语气，都有可能引起自己相同的应激反应。记录当时的心情，是为了找到引起应激反应的根源，并帮助自己疏导情绪，进行自我疗愈。

把经验萃取用在孩子的教育上，除了关注孩子要改进的地方，还要关注孩子做得好的一面，而且是更多地强调孩子做得好的方面，鼓励和肯定孩子的优点可以赋予孩子更多的自信心。

带着孩子一起复盘时，可按事情发生的时间线引导他说出对应的行为和心情，这是帮助孩子梳理清楚逻辑关系，而不是混乱地发泄情绪。当孩子说出对应的行为和心情后，多提问为什么，或提问孩子是在怎样的心情下采取了什么行动，这可以让孩子关注到事情发生变化的本质，让后面的萃取步骤更有价值。

四 回忆当时大脑所想的内容

每个人思考的角度不一样，即使面对同一件事情，大家站的立场不同，所想的内容也存在差异，特别是吵架的场景，对立的角色会让沟通的难度增加。通常思考比表达更快一步，导致嘴上所说的内容不一定真实反馈大脑所想的内容，也有可能想表达的内容被情绪阻碍了导致词不达意，或有可能出现思维跳跃或表达混乱的情况，双方的矛盾可能因此而加深。

在事后回忆当时所想的内容，最重要的是把自己的真实想法弄明白。在当时没想清楚的卡点，这时可以厘清思路，不管是误会别人还是被别人误会，都是了解真相的好时机。

五 列举这个结果让你不满意的原因

既然是复盘，一定要对结果进行分析，特别是分析让你不满意的原因，找到原因才能更好地思考最优选择，这相当于"不要掉进同一个坑里"的道理是一样的。不管是主观因素还是客观因素，全部都列出来再逐项分析。

六 CEO 复盘法

在前面的步骤已经分析了多个层次的原因等内容，接下来需要把分析的内容可视化，并落实到行动层面。大家可以参考以下复盘步骤，简称 CEO 复盘法。CEO 是 correct（正确）、error（错误）、option（选择）的缩写。

1.correct（正确）

correct（正确），是指做得好的方面继续保持并发扬。上文提到，把经验萃取的方法用到教育孩子上，需要更多地关注孩子做得好的方面。在这个步骤，让孩子发现自己的优点和做得好的方面，即使这件事情原本让他很生气或后悔，这个环节也可以给孩子注入能量。而且，在分析的时候，要先表扬孩子做得好的方面，他才愿意听别人的建议，这是与孩子沟通的技巧，顺序千万不能弄反了。

2.error（错误）

error（错误），是指做得不好的方面，需要马上改正。在这里更多是聚焦在事情的矛盾点上。例如，把那些引起双方矛盾的对话或行为的内容放到这里，这样可以更直观地知道问题出在哪里，接下来就是改正这些不好的行为。

3.option（选择）

option（选择），是指思考在遇到相同情况时，还有多少种解决办法可供选择。在复盘的时候，通常可以想到三种以上的解决办法。在这个环节的分析里，更多是针对做得不好的方面有多少种补救措施，或者一开始引导事情往哪个方向发展等，是属于思考错误环节的延伸。在这里，建议父母引导孩子说出他可以改善的行动，从小事开始做好，渐渐地培养好习惯。

如果是带着孩子进行复盘，建议在记录前面的内容时，用列举清单的方式进行，并且每项内容之间都留有一点空隙，方便在这一步骤里进行填写。如果是父母的单独复盘，就可以用电脑或手机进行。

抢东西是多宝家庭常见的场景，如果你家也有类似情况，解决的办法是相通的。下面用故事来展示 CEO 复盘法的具体步骤。

1.故事背景

大宝 5 岁，喜欢喝牛奶、吃零食。小宝 2 岁，喜欢模仿大宝的行为，比如喝牛奶、吃零食。但小宝年龄太小，没有太多的判断力，也不知道抢东西是不对的。关于孩子抢零食抢玩具的大概情况，相信多宝家庭比较能代入角色。

2.故事经过

大宝："妈妈，我很后悔给弟弟喝牛奶了，你打他屁股！"

妈妈："发生什么事情了，你可以告诉我吗？"

大宝："我给他喝了一口牛奶，然后他就不还给我了，我很生气！"

妈妈："你的意思是他看到你有牛奶，然后你就请他喝，结果他喝了之后，觉得好喝就不还给你了，是这样吗？你是自愿请他喝的，还是他抢你的牛奶呢？"

大宝："我在喝牛奶的时候，他不停说'牛奶，牛奶……'我喝了一口就请他喝，然后他就一直喝不给我了。"

妈妈："你好棒哦，你是好哥哥，你跟弟弟分享牛奶的这个行为真棒！但弟弟不把牛奶还给你，他也太不讲道理了，所以你很生气，对吗？"

大宝："是的。"

妈妈："他不把牛奶还给你，你除了想打他屁股，你还有其他解决办法吗？"

大宝："他把牛奶还给我，我就不打他屁股。"

妈妈："噢，我明白了。我发现你真的是好哥哥，虽然你很生气，但你也没有打他屁股，而是选择向妈妈求助，你知道打人是不对的，所以你没有这么做，表扬你明白这一点。那我想问，在这个过程中，你有没有做得不好的地方呢？"

大宝："我不知道。"

妈妈："我们可以怎么解决这个问题呢？我想到几种办法，第一种，把牛奶送给他；第二种，抢回牛奶让他哭；

第三种，你再拿一瓶牛奶自己喝；第四种，玩其他玩具，不跟他玩。第五种，下次喝牛奶的时候，分开两杯，一人一杯，不用抢……如果是你，你想选择哪种方式呢？"

大宝："妈妈，牛奶已经喝完了，你可以跟我再买一瓶新的牛奶吗？下次喝牛奶，你帮我们分杯……"

对于年龄比较小的孩子，第一到第五的步骤，孩子的描述会比较简单。在沟通过程中，建议父母有侧重地强调孩子做得好的方面，这可减轻孩子的负面情绪，还能强化孩子做得好的行为。同时，孩子会模仿先表扬后建议的技巧，这是提高孩子情商的一种好方式。父母如何处理孩子之间的矛盾，孩子就会用同样的方式处理他与别人之间的关系。

第六步的 CEO 复盘法，引导孩子更多地关注自己做得好或不好的方面，减少关注别人做得不好的地方，并减少孩子因为别人做得不好而让自己不忿的情况，因为用别人的过错来惩罚自己是不理智的行为。最重要的还是引导孩子思考解决困难的办法，或许孩子想不到如何解决，但父母可以出谋划策，把好的与不好的选择都放在一起，让孩子自己来判断，通常孩子都能选出正确的解决方案。

只要孩子能选出正确的解决方案，他对于下一次的决策与行为就又多了一次实践经验。复盘的目的就是把这些好的实践经验总结归纳出来，提高孩子的决策力与行动能力。

小练习：用CEO复盘法，与孩子复盘一件事情

下面简单列举复盘的步骤，复盘时记录下来，也可以另外找一张白纸，完成前面步骤的记录后，剪贴到CEO复盘图（如图4-1所示）上。

①请写下一件你想复盘的事情。

②请描述当时你和对方做了什么，说了什么。

③请描述你当时的心情。

④请描述你当时在想什么。

⑤请描述让你满意或不满意的原因。

⑥把上述内容，填写或剪贴到CEO复盘图。

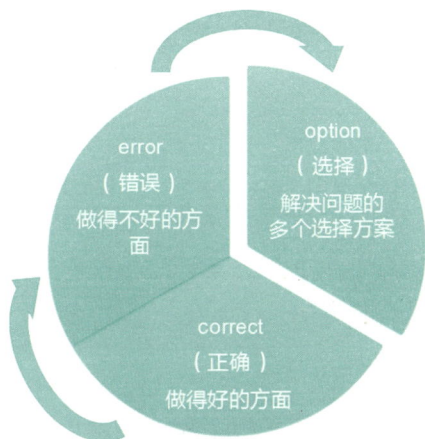

图4-1　CEO复盘图

探究真相

——跳出思维陷阱，孩子不想做的事都是真的吗

在艺术培训机构的休息区里，小雅妈妈问："你家孩子正在上的兴趣班有几个啊？"小博妈妈说："在学的有三个，但有一个打算放弃了，不知道为什么每次上课前他都很抗拒，才学了几个月态度就大反转了，真搞不懂！"

你家孩子报了哪些兴趣班呢？孩子上兴趣班一直都很积极主动，还是一开始很积极，过了一段时间就热度减退，表现出散漫的态度，甚至是否继续坚持学习这个问题都让人苦恼呢？

如果你家孩子属于前者，恭喜你，孩子在兴趣和行动两方面做到了知行合一，鼓励孩子继续加油，有时间多跟孩子聊聊兴趣班的话题。例如，了解他最近在学什么，最喜欢哪个环节的学习，有没有特殊的目标，对目标有什么计划等。这些不一定需要一本正经地跟孩子聊，但可以在接送兴趣班的路上随时跟孩子交流。孩子感受到的不仅仅是对他的关心，还有对他学习的支持与鼓励，给孩子多一些正向反馈，在坚持的道路上他可以走得更远。

如果你家孩子属于后者，也不用担心，你可以做的是帮助孩子探究行为背后的真相，让孩子跳出思维陷阱，从而让孩子在下一次

做决策的时候有更多的参考经验，让决策指导孩子更好地行动。

我有一个 4 岁的学生元元，领悟力很强，音乐知识学得也快。在刚开始学琴的时候，他家里没有琴，所以学琴和练琴都是来我家进行。由于学习都是安排在放学的傍晚时间，元元放学有点饿，但半小时的弹琴时间很快就过去了，父母交代不要给他零食，担心零食影响了饭量。我非常理解元元父母的安排，练完琴饿了后，回家多吃点饭，身体更强壮。

就这样三个月过去了，突然有一天，元元妈妈告诉我孩子不学钢琴了，列举了很多孩子在家不想学琴的表现。例如，元元很喜欢看书、下棋、到楼下玩，但不愿意练习唱谱、视奏等与钢琴相关的内容。再加上元元妈妈上班很累，下班还要照顾二宝，很难兼顾元元的钢琴作业，综合情况下决定放弃学钢琴。我非常理解元元妈妈的难处，也尊重他们的选择。

但又过了几个月，元元来我家玩，他笑眯眯地问我："老师，你知道我为什么不学钢琴吗？保证你猜不到。"我也很好奇，想知道答案，他继续说："因为你不请我吃零食，我才不要学钢琴呢……"我听到这个答案后哭笑不得。

上述虽然是一个小故事，却代表着一部分孩子的想法，他们想做一件事情或者不想做一件事情，都会挖空心思想出解决办法来达到自己的目的。所以，在探究真相的过程中，观察孩子的行为不能只看表面，而要从孩子的角度出发，多方面关联思考，或许可以发现孩子的更多秘密，最终目的是不要陷入固定的思维陷阱中。

怎样才能探究事情的真相呢？分享以下四个沟通技巧。

一　我发现 + 描述观察的结果

当发现孩子的行为与平常有变化时，不一定要急于马上提出，可以先观察一段时间，这个时间长度可以是一天、一周，甚至是一个月。观察的同时做好记录，记录是为推敲事情的真相提供证据，目的是解开真相。

单次观察不一定就是事实的全部，观察一段时间，是为了有更多的时间对事情进行判断。有时候孩子所做的事情可能会让父母误会，如果在不了解真相的情况下，直接责骂孩子或给孩子贴标签，这对孩子太不公平了。而且，孩子的思维逻辑和行动逻辑与成人是有区别的，父母急于下评判的事情大概率是误会，发现误会后再给孩子道歉，不仅伤了孩子的心，还影响亲子关系，更糟糕的是让孩子多了一次鲁莽行事的模仿机会。希望培养孩子善于观察、理性判断、处事沉着冷静，父母的所有行为都成为孩子的学习模板。

观察一段时间后，寻找一个合适的机会跟孩子单独聊天。单独聊天是为了给孩子安全感，不用考虑周围是否有其他人，而影响了孩子对说出真相的顾虑。而且，不能加入太多的主观判断，描述观察的结果重在描述事实，语气可以稍微温柔些，而不是冷冰冰的。要抱着解决问题的态度进行讨论，如果真的是孩子做错了，给孩子改错的机会，并商量改错的行动。如果是误会了孩子，就需要对孩子真诚地道歉，并讨论下次如何避免这样的误会。

　　描述完观察后，观察孩子的面部表情和应激反应，初步判断事实的真相，但并不是直接下结论。此刻一定要保持冷静，不急于与孩子辩驳，而是给孩子解释的机会。接下来的第二个问题是与孩子确认自己的描述是否正确。

二　是真的吗

　　"我观察到（描述孩子的行为），是真的吗"这是引导孩子对行为作出解释，而不是只有父母的一言堂，让孩子知道自己有平等交流的机会，鼓励孩子发言，勇于表达自己的想法。

　　但如果面对的事情事态比较严重，就不能温柔地交流，而是要有冷静中带有严厉的态度，引起孩子的重视。也许有些孩子知道做错了，但依然存在侥幸心理不承认事情的发生，这样说比较有效："如果你没有做错，是我误会了你，我会道歉并作出补偿。如果你做错了但没有承认，这是不诚实的行为，我会严厉惩罚。我只想知道事情的真相。现在给你5分钟来考虑是否回答这个问题。"

　　奖惩分明是教育孩子非常重要的一个原则，这是教育孩子判断大是大非的重要过程。如果父母的态度是不理不睬、不紧不慢，孩子可能会因为这样的处理态度而产生错觉，默认做错事是被允许的，后果就会非常严重。所以，一定要正视奖惩分明这个原则。

通常要探究的真相，大概率是发现孩子做错了。分享下面的惊险故事，希望大家引以为戒。

4岁的达达沉迷电视，父母的处理方式有点偏激，发现后马上实施禁止看电视的措施，达达经过多次试探后都不能如愿。他的愤怒到了极点，在与父母产生冲突后，趁没人注意，把平时父母用于吓唬他的鸡毛掸子，从窗口扔到楼下。

就在当天下午，父母带达达到楼下玩耍，在草坪上发现了与自家的有99%相似度的鸡毛掸子，顿时发现事情的严重性。幸运的是，鸡毛掸子插在草坪上，初步判断没有伤害到路人。回家后，父母与达达探究真相，以下是他们的对话。

爸爸："这鸡毛掸子是你扔下去的吗？"

达达摇头，表现出很害怕的样子。

爸爸："如果是你做的，你现在承认，我保证不惩罚你，但你保证不会有下一次。但如果是你做的却没有承认，我会采取严厉的措施让你长长记性。"

达达颤抖着身体，小声地说："是我扔的。"

爸爸："鉴于你承认错误，我这次不会打你，但下次你再做这样危险的事情，我一定打到你印象特别深刻。你还会不会有下一次？！"

> 达达："我知错了，不会有下一次。"
>
> 达达承认错误后，妈妈马上搜索高空抛物的相关视频给他看，不停强调危害性，还重点强调高空抛物会受到怎样的惩罚，达达被教育后表示不敢再犯错。

高空抛物是一个极为严重的问题，可能会导致人员伤亡。由于孩子的年龄较小，训导应在事情发生之前开展，不能等到发生危险后再开始教育。尽管达达爸爸没有采取过度严厉的惩罚，但必须让孩子明白犯错误就得承担责任。关于承担责任的问题，必须保持严格态度。达达必须面壁思过一小时，罚完后达达表示很累且害怕，以后再也不会高空抛物了。

三　我保持怀疑的态度

如果在第二个问题中真相已经浮现了，后面商量的就是如何正确处理这件事情。关于处理的方法和步骤，相信在书中的其他章节能为你提供启发，而第三的表态和第四的问题就不需要继续讨论了。

如果判断是孩子的回答不诚实，而且与观察到的行为不一致，或者前后矛盾，但一时找不到证据，还不能做判断时，不能因为找不到证据而随便下结论。要实事求是，没有证据就不能判断孩子做错了，把错误的帽子强塞给孩子，这对他不公平。但事情可以继续保持在观察阶段，所以这时可以表态，说出自己的怀疑态度和真实想法。

在再次观察的阶段里，主要观察孩子有没有改正错误行为。如果他已经改正了，可以不再追究，但要肯定他对错误行为作出的改变。然后，再根据实际情况和孩子的想法等因素，选择是否揭穿孩子对错误行为的撒谎。即使要揭穿真相，也要婉转地表达出来，重要的是提醒孩子不再犯同样的错误。

四　你可以告诉我真相吗

第三的表态和第四的问题属于并列关系，也就是说，在第二个问题里没有得到结论后，可以选择第三的表态方式，也可以选择第四的追问方式继续探究真相。

为什么会有这个环节呢？如果第二个提问后，没有得到准确的结论，而自己的判断依然维持真相并不是孩子所说的，但又不想伤了孩子的自尊心，这种提问方式比保持怀疑的表态更加婉转，既保护了孩子的自尊心，还可以深入了解孩子最近所遇到的难言之隐。

第四个问题不一定要当天进行追问，可以等事情冷静下来的时候再进行提问，可以是半个小时后，也可以是半天或者一天后，而且这次的追问依然是单独跟孩子聊天，情绪上和态度上建议用更加温柔的方式，或者选择比孩子稍低一点点的姿态来交流，让孩子放下戒备才能走进孩子的内心世界。

回到上文所提到的达达扔鸡毛掸子的事件，在当天晚上，父母就与孩子进行睡前谈心，了解孩子这么做的原因。最后，达达跟父母哭诉，他喜欢看电视的原因是觉得父母只爱弟弟不爱他，总是批评他，他很伤心，他觉得电视最爱他，因为电视让他很开心，所以他喜欢看电视。

正因为有了追问真相的环节，让达达的父母发现了是他们的不良行为导致达达做出不可理解的行为，掌握真相，才能从根本上解决问题。值得注意的是，缺乏安全感的孩子往往会通过反常行为或沉迷于电子设备等形式来引起父母的关注。父母应努力探究背后的原因，以免伤了孩子的心。

关于高空抛物的故事，在第二个问题中得出的结果与应对的策略，只是治标，如果没有第四个问题的追问环节，不帮助孩子解开问题的真相——缺乏安全感，下一次他犯的错误可能不是高空抛物，而是更让人惊讶的行为。所以，解开孩子的决策与行为的真相，除了治标还要治本。

小练习：定制你的提问卡片

探究真相的提问方式有很多，上述的分享只是抛砖引玉。现在请写下你平时与孩子在交流的过程中，探讨一个问题的真相时，用了哪些提问方式。同时，欢迎你来到我的社群，分享你的经验。

▲ 爱心书签

制作提示：

沿两条虚线裁剪。

这是我送给孩子的第四份礼物：爱心书签。
用书签来标记做得好的决策与行动！

第五章

培养自主意识

　　自主意识就像自驱力大树的髓心，只有当孩子了解自己的优缺点、清晰边界和规矩等方面，才能更好地保护自己。本章分享的方法是培养孩子自驱力的核心，父母陪伴孩子一起实践，效果会更好。

第 一 节

我是谁

——正视孩子的优缺点

课堂上，老师边发试卷边表扬小昊的进步。到家后，小昊高兴地给爸爸看试卷，结果爸爸却说："你同桌考第一名，你怎么才 79 分？你怎么一点都不争气……"

假如孩子听到以上类似的话，他的内心又是怎样的呢？我曾问过我的孩子当他听到小昊爸爸说的话，内心是怎么想的。他给我的答复非常有意思，他的回答大致涵盖了以下三种状态。

- 自卑的状态：别人那么好，我一点都比不上。
- 漠不关心的状态：别人好，跟我有关系吗？
- 积极的状态：别人在学习上优秀，但我在运动上也很优秀啊。

听到孩子的回答我笑了，笑的原因不是他的回答前后矛盾，而是他在"被批评"的状态下，能从自卑的心态调整到不卑不亢的心态，这对于培养孩子的抗压能力和逆商都非常有帮助，更重要的是他不但看到自己的缺点，还清晰自己的优点，这对于培养孩子的自主意识非常重要。

　　培养孩子的自我意识需要让孩子了解自己。"我是谁"是一个关键问题，它可以包含多个方面，比如性别、姓名、社会角色等。更重要的是，让孩子认识自己的优点和缺点，教他不要因为自己的优点就变得过于自满，也不要因为缺点而轻视自己。如果孩子能够认识到自己的长处和不足，这将帮助他发扬优点，克服缺点。

　　怎样才能帮助孩子正确认识自己的优点和缺点呢？下面介绍三个方法。

一　优点日记

　　优点日记的做法，源自培养夫妻之间亲密关系的方法。当你觉得与爱人关系疏远或找不到继续一起生活的理由时，换一种心态，强迫自己每天发现爱人至少一个优点并记录下来，坚持一段时间后，就能找到昔日温情的感觉与爱的火花。

　　把这个方法套用在孩子身上，就是记录孩子的优点、做得好的方面、发挥优势取得成果的事情等。操作步骤很简单，在刚开始的适应期，规定自己每天写出孩子至少一个优点，或者是值得表扬的事情，哪怕只是一件小小的事情，如随手关灯等小事，都值得被发现和记录。如果你觉得孩子在你眼里全都是缺点的时候，坚持写优点日记，你就会发现孩子身上还有很多闪闪发光的优点。

　　写优点日记只是第一步，但也是非常重要的一步，不单单是写，还要坚持写。这样，孩子在你心中的形象才会有所转变。当你意识到孩子不仅仅只有缺点，还有很多优点的时候，对待孩子的语气和语言等都会随之改变。

这样的改变对孩子有什么影响呢？孩子能渐渐感受到你更多的爱，让原本带有一点逆反心理的他渐渐变得温顺懂事。直白地说，就是孩子更听话了，表现在孩子"对着干"的想法和做法减少了，或许孩子会更喜欢围绕着你并分享自己发现的"新大陆"，这时一定不要拒绝孩子的热情分享，做孩子的倾听者也是爱孩子的表达方式。在双方都得到正反馈后，亲子关系会变得更融洽，以前觉得根本不可能解决的问题，现在反而很轻松就能达成共识。

上述经验源自我家大宝的故事，也是多宝家庭常有的困惑。在二宝出生后，大宝感觉自己的爱被抢走。为了引起注意，他总是跟我们对着干。当时大宝在我们眼里只有缺点没有优点，亲子关系非常紧张。所幸经过学习后，发现问题出在我的意识上，经过检讨后，大宝的优点才逐渐重现眼前，亲子关系慢慢得到改善。这样的经历，相信多宝妈妈深有体会，原本听话的孩子突然变得不可理喻，接着是冲突的升级。越是这样的局面，越要用心发现孩子的优点，优点日记是非常好的方式。

接着，怎样帮助孩子了解自己的优点呢？最好的方式是发现孩子的优点后，马上给予肯定，并详细描述做得好的细节。对于年龄小的孩子，还可以给他一个大大的赞，用大拇指轻轻地点一下他的额头，并告诉他："你随手关灯节约用电的行为太棒了，给你点赞！"如果优点日记本就在旁边，马上在孩子面前用笔记录，不能及时记录也没关系，可以说："我一定要把你的优点记录下来。"孩子看到父母一系列的动作后，内心是非常满足和自豪的，他知道自己的优点是什么，在哪方面做得好，这有助于孩子加深对自己的了解。

记录优点日记并不需要太大的压力，只需要简单描述孩子的优点即可，内容可以包括时间、人物、地点、事件等，并详细描述细节即可。在孩子面前记录时，可以贴上一朵红花。虽然这通常是老师的做法，但孩子会非常享受这种荣誉，特别是在幼儿园阶段。对于年龄较大的孩子，可以采用其他方式，比如光荣榜、积分墙等方式。这是提高孩子自信心的好方式，让你的关爱贯穿于每一个细节。

二 事件追踪

除了让孩子了解自己的优点，还要让孩子知道自己的缺点。孩子的性格和行为在年幼时可塑性很强，让孩子知道自己的缺点，不是为了强调缺点的存在，而是为了让孩子改正缺点，并成为更优秀的自己。

孩子了解自己的缺点后，可以引申到事物的两面性。看待事物或事件时更要理性分析，即使是面对自己的缺点也不能盲目自卑，可以思考如何利用缺点来做正确的事情。例如，孩子觉得自己不合群是缺点，可以引导孩子思考不合群背后的原因是什么，而不是过度自责朋友少。提问孩子不合群的原因时，如果是因为喜欢思考但又不喜欢被打扰，而减少了与同伴相处的时间。那么在需要静静思考的时候，能抵挡外界干扰，专注于自己的事情，这就是把孩子眼中的缺点变成了优点，肯定孩子做得好的一面。然后，与孩子一起探讨融入同伴的方案，并做事件追踪，定期复盘，再调整计划。

优点日记属于育儿日记的一种，可以记录优点，也可以记录缺点，但是在缺点描述的下一栏一定要紧接着奋斗目标。奋斗目标，是指在限定时间段内改正错误的阶段性目标。奋斗目标可以在优点日记的背面开始做事件追踪，也可以在另外一个笔记本上做记录。事件追踪的记录可以是文字描述或表格形式，我更倾向于后者。参考使用事件追踪表模板（见表5-1），表格内容大致包括但不限于：目标、计划、执行进度、执行结果、复盘等。

表 5-1　事件追踪表模板

奋斗目标				完成目标的奖励	
时间节点	计　划	执行进度	执行结果	复盘 / 心得	

与孩子共同讨论事件追踪，是帮助孩子改正缺点的方法。事件追踪表模板也可以用于项目进度跟踪，给孩子做项目管理的启蒙。例如，春节前的全屋大扫除或期末的全科复习任务，通过项目管理，可以提高效率，并提高孩子的学习能力和自主意识。从小就培养孩子的项目管理意识，让他们做事情有目标、有计划、

有行动，并及时反馈，对孩子的成长非常有益。

三 定期回顾

把孩子的优点和缺点记录一段时间后，与孩子一起进行定期回顾，有助于培养孩子反思的能力和学习的能力。回顾可以是针对一件事情、一项任务、一个目标完成过程的单项回顾，也可以是月度回顾、季度回顾等频率回顾。回顾不但让孩子有充足时间思考解决问题的思路，还可以从中探寻自己与外界的关系，其中包括自己与他人的关系，自己在集体中的位置与作用等方面。

1. 单项回顾

在进行单项任务、事情、目标的回顾时，问问孩子如果有时光机的存在，让他回到事情的开始之前，他会如何计划这项任务或如何解决这个困难。如果依然选择同样的计划和解决方案，他可以做怎样的优化动作，让事情变得更简单或更高效。在这样的反思下，孩子把这些行动与思考结合在一起，并内化成解决问题的经验，在下次遇到类似情况时，就可以根据这些经验快速判断眼前的决定是否正确。

2. 月度或季度回顾

月度或季度回顾，可以用两栏式统计优点与缺点的记录频率，让孩子对自己的优点与缺点有直观的了解，可视化的方式可加深对事物两面性的认识。除了统计以外，还要思考与他人的关系。例如，哪些优点或缺点是与他人相处的情况下表现出来的，在此过程中，当时对自己的评价是怎样的，现在对自己的评价是否有所改变，并思考别人对自己的评价，还可以与当事人一起回顾这件事情，并让当事人对自己的行为和态度给出评价和建议，了解别人眼中的自己，修正一些误以为正确的观点。

世界上没有两片相同的叶子，每个孩子都是独一无二的，正视孩子的优点与缺点，肯定做得好的方面，积累光荣榜，让孩子更有信心克服困难，改正缺点，扬长避短，让孩子成为更优秀的自己。

小练习：积累光荣榜

记录孩子的优点，可以在笔记本上写优点日记，在育儿相关的手机 App 上记录育儿日记，还可以选择家里的一面墙，制作光荣榜，把孩子的优点等用可视化的方式记录下来，以增强孩子的自信心。同时，可以用光荣榜的成绩，激励孩子改正缺点，增加更多的优点。

第 二 节

我能做什么

——建立边界感

有这么一个真实故事，一名男子在搭公交车的时候，看到两名大汉正准备偷女孩的手机，男子用踢女孩脚的方式提醒女孩注意。但也正由于这个动作，激怒了女孩，从而在车上大吵大闹，最终两名大汉没有得逞就下车了。可惜一直到女孩下车，她仍然在责骂这名男子，导致男子没有等来解释的机会，而被全车人投来误会的目光。

在这个故事里，男子的动机是对的，也许还有更好的解决方式，但相信在紧急情况下，能想到的办法也是有限的，只是虽然他挽救了女孩的手机，却被其他人误会。

在很多情况下，事实往往很难让我们看清楚谁对谁错。但是，我们可以教孩子如何遵循原则来建立稳固的行为准则，让他们尊重他人，自觉遵守规定，以此为社会作出积极贡献。那么，如何培养孩子的边界感呢？

一 了解原则

建立边界感与了解原则有着天然的联系。边界感是孩子在处理事情时懂得如何尊重自己的特定需求和感受，并保护好自己的界限。而在这个过程中，了解原则是非常重要的，因为孩子必须知道他应该怎么对待和处理各种情况，才能做出正确的判断。

例如，在与其他孩子交往时，孩子需要学会了解相应的必要原则，如尊重别人的感情和需求、不欺负弱者、不造成伤害等。通过这些原则的指导，孩子可以很好地保护自己和他人。当然，这也意味着，孩子需要懂得边界感，知道自己的需求和原则，从而得以在保护自己的同时，也更好地与其他人相处，形成良好的关系。

因此，了解原则是培养孩子边界感的重要因素。让孩子明白，自己可以根据原则来处理事情，这样会使他们更加自信、更有自主性，并在适当的时候更好地维护自己的利益。

二 识别边界被触碰的提示信号

培养孩子健康的边界意识，关键在于教他们辨别边界被触碰的信号。许多孩子往往无法清楚地表达自己的需求和原则，这时需要教给他们一些方法，在边界受到了触碰时，可以通过哪些行为或表现来进行识别，并进行适当的应对或调整。

站在父母的角度，在留意到孩子的身体和情绪有较大变化时，比如孩子出现易怒、不安或挑剔等状况，通过观察和与孩子沟通，了解他们所需要的支持和关爱，并帮助他们找到解决问题的方法。此外，如果孩子的朋友或者家人触碰了他们的边界，我们也要做出必要的介入，让孩子感到被父母支持、关爱和保护。

告诉孩子可从身体反应、情绪变化、语言和行为变化三个方面进行识别。身体上的反应，比如心跳加快、呼吸变浅、肌肉紧绷；情绪上的变化，比如感到愤怒、沮丧或不安；语言和行为的变化，比如退缩或变得易怒等。提醒孩子，让自己感觉不舒服的反应，都需要引起注意。

为了帮助孩子建立良好的边界感，我们也需要遵循一些原则。例如，让孩子明白"相互尊重"和"互惠互利"等原则的重要性。

总之，教孩子识别边界被触碰的信号对于建立良好的边界感至关重要。让孩子们懂得辨别自己的原则和需求，学习如何保护自己，并了解相应的原则是非常重要的。通过这些努力，我们可以帮助孩子建立起自我价值和自我尊重的意识，成为自信、积极和健康的人。

三 勇敢说出来

当与别人相处时有不舒服的感觉，你会如何处理呢？有以下几个选择。

- 碍于面子，不好意思说，继续忍气吞声。
- 管他是谁，让我不高兴就要说出来。
- 先观察再做决定。
- 其他。

成年人善于全面、理智地考虑问题。他们在做决策时会综合考虑多方面因素，追求真正的解决方案，而不会因为一时冲动而做出不利于自己的决策。

但孩子不会管这么多，选择第二项的概率更高。例如，有些孩子在说话的时候被打断，他会毫不犹豫地说："你打断我了，太不礼貌了。"解读他的这句话，意思是让他把话说完才是对他的尊重，打断他的话就是对他的冒犯。这些孩子很清楚自己的原则是什么，而且不允许别人打破他们的原则，这一点非常棒。你家孩子会因为哪些事情，大胆说出内心的真实想法呢？你是鼓励他说出来，还是压抑他不说出来呢？我的建议是鼓励孩子说出来，并教会他说话的技巧。

上述孩子回应的那句话，听众可能心里不舒服，虽然孩子说的道理是对的，但太直接的表达也会伤了别人的心。那么，怎样表达既让对方了解自己的真实想法又不冒犯对方呢？可以用先表扬后表达的技巧，并在表达之前加一个动作暗示，既让对方有心理预期，听着也舒服，同时还表达了自己的想法。例如，先举手或挥手，让对方的注意点落在自己身上，这时对方的话也被这个动作打断了，然后再说："你参与我的话题我很开心，但我希望你可以先听我说完，后面的内容更精彩，我马上补充……"虽然这句话有点长，但教会孩子说长句子，对提高孩子的语言表达和写作能力都有很大的帮助。组织语言的同时也是在整理逻辑思维，经过长期训练，孩子的情商会更高，做事不冲动，他的话别人也爱听。良好的沟通就在于，对方如何做我控制不了，但我能做的是用让对方觉得舒服的方式来表达自己的想法。

四 允许自己说"不"

如果对方也是讲道理、情商高的人，在上一步骤就已经解决问题了。但通常在情绪的影响下，对方有可能做出不理智的行为或说出不理智的话，当接收到不理智的反馈后，事情可能因此而变得复杂。如果对方的行为或语言让自己感觉很愤怒，请允许自己说"不"，而不再是忍气吞声或客气礼貌。

什么情况下需要走到这一步呢？遇到以下情况，请告诉孩子勇敢拒绝。

- 对方不合理的期待。
- 自尊被践踏。
- 被侮辱。
- 人身安全受到威胁。

对于第一项，在区分上相对有一点难度。例如，孩子的分数在班里的排名一直是倒数的，父母却期待孩子能在一个月内鲤鱼翻身，跃进班里的前三名，这属于不合理的期待。父母望子成龙的心态是可以理解的，让孩子努力，从倒数跃进到班里排名靠前是有潜力的，但要求一个月内做到，就给孩子造成很大的压力。如果孩子成功了，后续对孩子的鼓舞非常大。但实际情况是，不成功的概率更高。孩子达不到目标，消极情绪的影响会更可怕，甚至让孩子认为自己就是做不到，更或者对未来失去信心。所以，对于期待，需要自检对孩子的期待是否合理。

在面对别人的期待时，在做出回应前，孩子需要先判断自己是否做得到别人所期待的内容，如果做不到，勇敢说"不"，并解释拒绝的理由。不是别人的要求和期待都需要答应，如果答应后却发现自己做不到，就会给人留下失信的印象。

对于第二项到第四项，不仅要告诉孩子学会拒绝，还要告诉孩子远离这类人。如果真遇到这样的情况，教导孩子马上拒绝被伤害的行为，并把整个过程如实告诉父母。父母不能责怪孩子，而要帮助孩子分析整个过程，并对孩子做心理辅导，重建信心和明确边界。如果父母不知道如何解决，向专业人士求助是必不可少的，不要讳疾忌医，更不要觉得没面子而拒绝求医。

五 我很重要

告诉孩子要把自己放在第一位，只有把自己照顾好了，才有精力去照顾别人。每个人都有自己的价值，每个人的尊严都值得被尊重，每个人的时间都值得被珍惜，确定自己的边界，明确自己能做什么和不能做什么，孩子才不会被无关紧要的事情所消耗，从而腾出更多的时间和精力为自己的目标而奋斗。

孩子有被看见的需求，在这一点上父母有可能会因为工作忙而忽略了，但依然可以教导孩子，每天对着镜子说："我很重要，我很棒，我知道自己要做的事情。"虽然这个方法很简单，但心理暗示的作用是非常强大的，让孩子相信自己的能力，清晰自己的边界，才能给自己补充更多的力量。力量充足的孩子不需要通过讨好别人来获得认同。如果孩子需要通过讨好别人来获得认同，这是一个危险信号，不及时介入辅导，会严重影响孩子的成长。

小练习：与孩子一起当小影评

与孩子一起看电影，是非常好的学习机会。在看电影的同时，与孩子讨论人物角色的行为、人品等方面的好与坏。从中学会判断怎样的行为是对的，可以学习；怎样的行为是不允许的，要避免。在评论角色的人品时，更多地联系生活中的实际情况，讨论身边有没有类似的人，要如何与这样的人相处。是互相学习，还是避而远之。更重要的是，跟孩子强调边界，从而培养孩子的自主意识。

第 三 节

锻炼意志
——勇于挑战的决心

　　萱萱妈妈说："我看到我家娃的后背就头疼，提醒她被嫌弃，不提醒她又担心她驼背！"小哲妈妈说："我家娃也是这样，特别是看电视的时候，都驼成老爷爷的样子了，每次提醒都给我臭脸，真气人！"

　　孩子在上小学之前，似乎都拥有昂首挺胸的站姿，但孩子上了小学后，稍不注意背部就开始变形了，常见的现象是耸肩驼背。其实，我小时候曾经有很长一段时间，都被驼背困扰着，父母的担忧转成日夜啰唆，他们还觉得自己的力量太单薄，继而发动亲戚好友都来给我做思想工作，得到的结果却不是父母想要的，一直到了自主意识的觉醒，一个学期我就改善了驼背，彻底改掉了这个不良习惯。

　　在我没找到改善驼背的方法之前，我觉得自己是一个自卑、胆小、内向的孩子。虽然在大家面前，我是一个大大咧咧的开心果，但每当面对父母说教型的啰唆时，我觉得自己什么都做不好，做什么都不符合他们的心意，我会下意识地跟同龄孩子做比较，但往往觉得自己输了，从而让消极的想法加倍，而这想法又加重了驼背的坏习惯。我当时认为，反正都没人看到我的努力，努力又有什么意义呢？其实，我很在意别人对我的看法，特别是父母。

上述的真实想法，我没有跟别人提起过，如果你有缘看到这段独白，应用在孩子的养育上，特别是改善孩子的不良习惯上，你想到的是什么呢？

- 减少或避免说教型的沟通方式。
- 更关心孩子，并了解孩子的真实想法。
- 不拿孩子做比较。
- 肯定孩子的努力，发现孩子的优点。
- 其他。

道理大家都懂，但要真正做到并不容易，但也没关系，以前做得不好已经是过去式，从此刻开始，尽力做好每一件小事就已经很棒了。

那么，自主意识和改善不良习惯有什么关系呢？又如何锻炼孩子的意志力呢？下面逐一拆解，可以把方法套用在孩子身上。

一 探索孩子的梦想并使其成为目标

在孩子上幼儿园或小学的时候，老师通常都会提出一个问题："你的梦想是什么？"这个问题为什么要从小就与孩子讨论呢？其实，这个问题在很大程度上影响了孩子以后的职业，但这并不绝对，只是一个大概率。换句话说，利用好这个提问，可以培养孩子的自主意识。

> 我上幼儿园时的梦想是成为科学家，二年级时的梦想是在舞台上表演钢琴，初中时的梦想是成为音乐老师。你会发现年龄越大，梦想与职业角色越相近。也正因为有关于梦想的思考，我大学的专业是应用化学，这让我曾经的科学家梦想沾点边，虽然最后没有成为科学家，但在重要的选择上，梦想对我产生了深远的影响。现在的我是一名钢琴老师，这源自小学与初中的梦想，并且实现了。

提问与讨论孩子的梦想，用欣赏的眼光与孩子对话，用真诚的笔墨记录孩子的梦想，这是第一步，也是最关键的一步。如果孩子所说的梦想与你的预期不相符，最忌讳的是马上纠正孩子的说法，如果马上说出反对的声音，孩子也会拒绝与你继续交流，这就很难探寻孩子的内心，更别提培养孩子的自主意识了。孩子的梦想是由他所接触到的人和事物中提炼的。例如，父母是医生，孩子的梦想大概率也是当医生；父母是老师，孩子的梦想大概率也是当老师。当然，随着孩子的成长，他们的梦想会调整。所以，我们不需要过于纠结梦想是什么，而应该着眼于如何将梦想转化为切实可行的目标。

目标与梦想有什么区别呢？可以简单理解成，目标是阶段性、可实施的，而梦想是远大的、没有限制的。

　　先有梦想，再提炼目标，让目标成为自主意识，让自主意识影响决策与行动，这是培养孩子自主意识的顺序与步骤。例如，孩子的梦想是考上重点大学，对于小学生的他，实现梦想的时间可能是6~10年，那么目标的规划，要分解到每一个阶段或每一年的学习目标和学习任务上。

　　　　在我上初中的时候，就有一位同学的梦想是考上华南理工大学，那么他的阶段目标（中考）至少是考上市里的重点高中。他的目标很清晰，每天的学习行动都非常自律。不容分说，他的自主意识来自他的梦想与目标。最后，这位同学如愿考上了华南理工大学，还考上该学校的硕士研究生。

　　你希望孩子有清晰的目标吗？先从梦想的讨论开始。

二　分析追逐梦想过程中遇到的困难和收获

　　有了梦想和目标，就一定能实现吗？如果是随手可得的东西，也称不上梦想。也就是说，现实与梦想之间往往有着很大的差距，困难是必然存在的，克服重重困难，梦想才显得更加难能可贵。那么，接纳困难才是正确的态度，分析困难是必要步骤。

上文提到的驼背，是我实现梦想的障碍之一。我想在舞台上表演钢琴，即使钢琴弹得再好，站在舞台上的却是弯腰驼背的女孩，观众也会发出质疑的声音，对于胆小又紧张的我可能还没开始弹琴，就哭着跑下台了，梦想就破灭了。为了避免出现这样的情况，每次练琴的时候，我都下意识地把背挺直。就这样，我把困难克服在每次的练琴当中。大约坚持了大半年的时间，我收获的不仅仅是学会弹琴，还改善了驼背，亲戚好友都在夸奖我，我的自信心也慢慢地建立起来，这样的正向反馈让我更加坚定对梦想的追逐。

现在回过头来，在当时并没有人帮我分析会遇到什么困难，而是自己见招拆招，扫除眼前的障碍，这是自我意识的重大收获，就像一切都为了让我变得更好。其中，最关键的还是靠自己的努力。

如果你能引导并帮助孩子分析追逐梦想过程中会遇到的困难和收获，他到达梦想彼岸的效率会更高，做事情更有明确的目标和动力，坚持会更长久。关于分析的内容，可以针对大目标和小目标进行不同阶段的分析，常用的分析方法是四象限分析法，即把短期困难与收获和长期困难与收获，分别写在四个象限里，而且要把收获写在左侧，困难写在右侧，分析结束后，让收获的内容占据主要视觉，如图 5-1 所示。

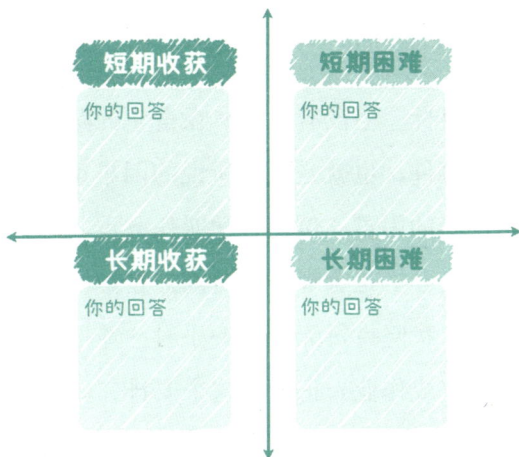

图 5-1 四象限分析图

用我的钢琴梦举例，得到钢琴学习四象限分析图（如图 5-2 所示）的分析结果，解决每一项困难所得到的收获都是超值的，不仅仅是为了眼前的利益，更重要的是为人生加分。

图 5-2 钢琴学习四象限分析图

三 制订奋斗计划

有了梦想和目标，但没有计划，在奋斗的路上就会遇到很多不可预料的突发事件，也就是大家所说的困难重重。制订计划，是为了减少可预料的困难。例如，学业任务重、可支配时间少这个困难，我的解决办法是合理安排时间，在做计划的时候，着重考虑时间的分配。我坚持每天练琴一小时，并把练琴时间安排在饭后，先练琴再完成作业，正因为这个安排，促使我提高写作业的效率。而且不想学琴时被中断，我不但要求自己提高写作业的速度，还要把控作业的准确度，这就要求我全神贯注地听课。良性循环让我学习成绩不断提升。在学钢琴之前，我的物理成绩停留在 40 分左右；学钢琴后，物理成绩提高到 70~80 分，这让我非常惊喜。

这一系列的计划与安排，都源自我想达成目标，也就是我的自主意识非常强烈，实现梦想需要付出努力，别人眼中的困难都被我逐一克服了。如果用战略与战术来比喻，自主意识属于战略，目标、计划和行动属于战术，战略的成功让战术更具备科学性，战略是用于指导战术的，这一点非常关键。

把战略与战术的方法用在教育孩子身上，助力孩子制订奋斗计划，并把大目标分解成小目标，再详细到每月、每周、每日。制订计划的方法有很多，建议参考梦想与阶段目标表（见表 5-2）、月计划表（见表 5-3）、周计划表（见表 5-4），根据孩子的目标灵活调整或迁移应用。

表 5-2　梦想与阶段目标表

梦　想	阶段目标	
	第一阶段：	第二阶段：
	第三阶段：	第四阶段：

注：

（1）根据孩子的情况，把梦想分解成多个目标阶段，不一定是四个阶段。

（2）关键是让孩子觉得在每个阶段里，他只要稍作努力就能达到，而不是遥不可及，还可以把每个阶段比喻成升级打怪。

（3）适当奖励，对于自主意识强的孩子，达成目标就是最好的奖励，这个奖励是由内而外的，也就是成就感，这份奖励无法用物质来衡量。所以，在设置奖励的时候，需要更多地征求孩子的意见。

表 5-3　月计划表

梦想 & 阶段		
关键目标	重要安排	临时安排
	本月复盘与收获	下月计划

注：

（1）月计划是一个月一个计划，每个月所处的梦想与目标阶段都不一样，根据实际情况来制订。

（2）关键目标不在于多，最好不超过三个，目标过多就没有重点。如果设定的目标都不能完成，会影响孩子的信心，设定目标的时候要慎重。

（3）重要安排是根据目标所做的计划，越详细越好。

（4）临时安排是指突发事件，也可以理解成困难与障碍。

（5）本月复盘与收获，根据目标了解完成情况，记录心得可以获得鼓励的力量。

（6）下月计划，针对本月状况进行下月的调整，让下月计划更贴近实际。

表 5-4　周计划表

梦想 & 阶段		
关键目标	重要安排	本周复盘、收获 / 下周计划
周一	周二	周三
周四	周五	周末

注：

（1）周计划可以设定为每天目标的打卡，记录完成情况。

（2）周计划也可以当成目标实施的记录表。

四　鼓励与肯定孩子的努力

● 我以为孩子长大了，就不需要肯定与鼓励的语言。

● 我以为调皮的孩子，就不需要肯定与鼓励的语言。

● 我以为孩子成年了，就不需要肯定与鼓励的语言。

　　以上三个"我以为"，都是亲子沟通的障碍，父母不能败在"我以为"的认知上，这会让孩子越来越调皮、越来越叛逆、越来越不想与父母沟通。曾经的我想不通，为什么我这么努力，却得不到别人的肯定。这一度让我养成了讨好型人格，我越期待得到别人的肯定，内心的正能量越缺乏，负能量就不断增加。但幸运的是，我想通了，正确认识了自己，正视自己的优势与不足，不断给予自己肯定与力量，努力让自己成为小太阳，用我的正能量温暖别人、肯定别人、给别人力量。

　　其实，只需要一个肯定与鼓励，就能给予孩子非常大的能量。做法非常简单，记录平时与孩子的对话，反思哪些语句是打击孩子的，然后在旁边写一下肯定孩子的语句。在下一次遇到类似场景时，把打击的语句改成肯定的语句。这一步你能做到吗？我相信爱孩子的你能做到，而且做得很好。同时，非常欢迎你加入幻馨的育儿社群，我们一起学习如何花式肯定与鼓励孩子。

五　遇到卡点的处理方式

　　什么是卡点呢？直白地说，就是孩子有放弃的念头。很难保证孩子没有放弃的念头，遇到挫折或跌入谷底时，身心疲惫，可能会失去前进的动力。但这仅仅代表某一个时期的状态，并不代表永恒，可以与孩子先共情，让计划缓一缓，休整一段时间后，再鼓励孩子重新出发。

暂缓计划并不代表放弃，休息是为了更好地出发，这与留白艺术相似。每个人在每件事情上，都有可能遇到瓶颈期，冲破不了瓶颈期并不代表失败，而需要多思考如何突破瓶颈期，让能力得到进一步的提升，暂缓计划能留给思考更多的时间与空间。

让孩子更快地突破瓶颈期，需要父母的帮助。因为父母的阅历比孩子多，思考维度比孩子更深更广。在给孩子建议时，要注意委婉地表达，而不是直接给出答案。可用朋友的身份跟孩子交流各自的想法，启发孩子深入思考。让孩子自己找答案，是培养孩子自主意识的必备条件。如果是让孩子直接按父母的答案去行动，就达不到培养孩子自主意识的目的了。

孩子驼背、行动力不足、做事没冲劲等不良习惯，背后隐藏的原因其实就是自主意识没有很好地培养起来。如果孩子有明确的目标和计划，内在驱动力会驱使他克服重重困难，意志力也可以得到锻炼。父母唯一必须要做的，就是鼓励与肯定孩子所付出的努力，但这些支持都建立在孩子的方向、策略、"三观"都正确的基础上，而不是盲目地支持错误的行为。

📋 小练习：与孩子讨论梦想

谈论梦想是个不错的话题，以自己小时候的梦想为开端，分享你是如何规划并实现梦想的。如果没有实现，可以探究原因。但是，要注意不要将自己的梦想强加给孩子。相反，建议鼓励孩子表达自己的梦想，并帮助他们将梦想转化成目标、计划和行动。无论是通过日记、图解还是类似上文提到的表格来记录都可以。

后续还可以在每一个人生阶段，比如幼儿园、小学和初中，都讨论一次关于梦想的话题，看看孩子的梦想有没有发生变化，还是已经把梦想落实在行动上了。上高中以前，建议父母与孩子至少讨论三次以上。

如果孩子已经把梦想转化成目标、计划与行动，父母需要协助孩子记录每次遇到困难的过程，重点记录以下三点内容。

①描述所遇到的困难。

②是如何克服困难的。

③克服困难后的经验总结。

这些记录都可以很好地鼓励孩子接受更多更大的挑战，是孩子成功的垫脚石，是锻炼孩子意志力的助推器。

第 四 节

建立规则
——无规则不成方圆

小鸿觉得跟小阳下棋的时候特别有优越感，因为小鸿是报班学的，小阳没有。下棋技巧和术语，小鸿都比小阳懂得多。这天，两人又一起下棋，眼看小阳要赢了，小鸿"使诈"希望能挽回局面，小阳生气地说："你使诈，我不跟你玩了！"

你家孩子有没有遇过这样的情况？特别是两人下棋对弈的时候，如果一方不遵守游戏规则，另一方必然会吵起来。背后原因是孩子对输赢看得特别重。不想输只想赢，有时候却成了孩子对弈的目标。

世界上真的有只赢不输的游戏吗？如果把这句话改成"只赚不赔的生意"，你相信吗？如果真的有，背后的风险不可忽视。那么，换成孩子的对弈游戏，只赢不输可未必是好事。

不管孩子是否看重输赢，教导孩子遵守规则是重要话题。例如，"严禁12周岁以下儿童骑行共享单车"这一规定，你持怎样的态度？你的孩子又是怎样的态度呢？

- 没必要一刀切，没人看到就行。
- 不可以就是不可以，遵守就行。

● 偏让孩子骑共享单车，多方便。

● 其他。

在回答之前，先思考为什么有这项规定。

> 据新闻报道，未成年孩子违法骑行共享单车的事件屡有发生，有小学生扫码共享单车，而且是几个人租一辆共享单车在马路上嬉戏。还曾经发生过一起命案，一名 11 岁的男孩在使用共享单车的过程中，与一辆客车相撞身亡。这是首例 12 周岁以下儿童使用共享单车被撞死亡。

正因为有了这一首例，才有了严禁 12 周岁以下儿童骑行共享单车的规定。不难想象把共享单车交给未成年的孩子，所带来的安全隐患有多严重。那么，对上述提问你的选项是什么？我相信肯定是第二项。遵守规则是对自己、对孩子的保护方式之一。

在孩子年纪尚小的时候，就要培养孩子遵守规则的意识。而且，凡事的第一次都非常重要，你的处理方式直接关系到孩子对规则的态度。那么，怎样与孩子建立规则呢？可以好好利用家庭会议这个形式，下面分享五个可实操的步骤。

一　定期组织家庭会议

如果把家庭当作一家微型公司，那么家庭会议就相当于公司的例会。既然是例会，就要约定会议的周期和频率，可以一周或半个月举行一次，而且家庭会议的内容，可以相对固定几个话题。其中，对规则的建立与遵守情况，就是重要内容之一。

家庭会议并不需要很复杂，每次家庭会议都记录以下内容：会议时间、会议地点、参会人员、会议主题、会议结论。会议的时长根据所讨论的话题来调整，10~30分钟也能得出一个结论。家庭会议需要有一种仪式感，就像下围棋前的握手环节，既尊重对方也尊重自己，而且仪式感需要每次都重复做，孩子才能感受到其中的意义。对于家庭会议的记录本，建议使用单独一个本子，方便以后可以查阅曾经讨论的话题和规则。

翻开以前我们与孩子开家庭会议的记录本，记录的都是关键信息。而且，孩子很愿意在会议上发言，这不但使孩子勇于表达，还培养孩子敢于争取自己的权益。在家庭会议上，每个人的地位都是平等的，平时的不满意或得不到的满足，都可以在会议上提出，这样可以使每个人都能够更深入地了解对方的想法。用好家庭会议，可以培养孩子的多项能力。

二 点评环节

家庭会议必不可少的一个环节是点评。这是一个让孩子把内心不满发泄出来的机会。这就像定期清理负能量，让心态保持健康一样。此外，点评环节还有另一个好处，即让被点评者和其他家庭成员更深入地了解发言者。这有助于改善亲子和家庭关系。

例如，在家庭会议上，孩子告知，跟兄弟下棋时，对方不遵守游戏规则。虽然发言者再次提起对方的行为时，心里依然会有愤怒的情绪，但他的愤怒是在理性状态下发泄的，这时父母需要引导孩子以描述事实为主，最后才表达自己的心情，这对于孩子以后处理与别人的冲突提供了很好的解决方式。被点评者听到别人对自己的错误行为发泄时，可能会有反击的冲动。这时，需要引导被点评者耐心听完对方的表述，等对方说完后再解释自己的原因。

孩子为对方不遵守游戏规则而生气，就可以在点评环节表达不满。发言者需要描述事情的整个过程。例如，双方在玩什么游戏；对方在怎样的情况下不遵守游戏规则；对方为什么要这么做；反思是否由自己的原因引起的；最后对方做了什么；自己的心情又是怎样的；希望得到怎样的处理结果，道歉还是赔偿等。

如果发言者对事情的描述很混乱，按时间逻辑线对孩子进行提问与引导，把事情弄清楚，才容易判断谁对谁错。一方发言结束后，到另一方解释原因。注意，要等双方都描述完事件的整个过程再去判断，而不是单听一方的发言就早早下结论。正因为孩子年纪尚小，思想不成熟，才会导致行为有误。这是教育孩子的好时机。

在一来一回的沟通中，能让孩子学会站在对方的角度思考问题。如果孩子没有机会听到别人发泄内心的不满，特别是对自己的不满，孩子很难理解自己的行为对别人造成的影响。这样的环节，可以让孩子明白每一个约定背后的原因所在。下一步就是约定规则。

三 制定家规

无规则不成方圆，拥有好家规能够提升孩子的品德。家规要根据孩子的日常行为和点评环节得出的结果制定。简单地说，家规并不能随意制定，而是根据实际情况有理有据地建立起来。这样，孩子才能明白规则背后的原因，并愿意遵守约定。

家规要包含具体的行为约定和违反规定的惩罚，从而形成约束力。同时，为鼓励孩子自律，需要注意把握度，不能过分约束。对于家规的制定，以下两个选项，你觉得哪一项实施起来更容易？

● 不能近距离看电视。

● 看电视时，要坐在电视机前的第三块地砖以外。若发现踏入这个范围内，马上关掉电视，并没收当天看电视的机会。

对于第一项，孩子对"近距离"的概念是模糊的，在看电视过程中，孩子会越看越靠近电视，然后就忘了这一条规定，或者他压根就不认为自己违反约定。对于第二项，有了明确的边界范围，如果犯规了，孩子能明白问题所在，即使惩罚孩子也会心服口服。

或许你会说看电视对孩子的视力不好，如果孩子从小就没有看电视的习惯，这条家规也不会出现。但通常情况是，很少有家庭能真正培养孩子不看电视的好习惯，特别是父母都很忙，孩子一般自己玩，多数情况下，电视会成为他们的首选。退而求其次的想法是看电视总比看手机好，毕竟电视的屏幕比手机的屏幕大。

如果把电视换成投影的方式，孩子看白幕或白墙比看电子屏幕的伤害会更低。

　　每一条家规的约定，都需要符合家庭的实际情况，还要根据孩子的年龄、环境、社会因素等方面进行考量。如果仅仅以父母的单方面考虑，而制定不符合实际情况的家规，在实施过程中就会困难重重。要么孩子遵守不了，要么让孩子养成忽视规定的态度，后者的伤害会更大。

四　追踪记录

　　追踪记录，是对家规遵守情况的记录。如果仅仅是约定了家规，却不考察孩子的遵守情况，那么家规形同虚设。最担心的是，孩子渐渐形成漠视规定的想法。

　　追踪记录可以是表格、文字日记等形式，还可以把一条家规作为一项任务的形式来记录。以两次家庭会议的时间间隔作为一个周期，追踪记录家规的遵守情况，参考使用家规追踪记录模板（见表5-5），有助于对家规的合理性进行评判。

表 5-5　家规追踪记录模板

家　规			
序　号	时　间	遵守情况描述	备　注

　　父母通常是追踪记录的主要完成者。如果孩子已经学会写字，

慢慢引导孩子自己做记录，教导孩子实事求是，培养孩子的自律品德。不仅要做记录，更重要的是要肯定孩子遵守家规的行为。若孩子不遵守约定，要按提醒、警告、批评的顺序进行教育。这些记录都为完善家规的合理性提供了证据。

五　复盘

复盘是对之前所制定的规矩、遵守过程、表扬或惩罚的总结与反思。每次的家庭会议，都应该有复盘的环节。复盘的内容不仅是对过去一个周期内行为的反思，还需要包括对家规的遵守情况等。对于合理的规定继续保持，对于不合理的规定继续完善。

帮助孩子建立规则，并不是简单的一个约定，而是一个过程。这个过程有很多细节，每个细节的处理方式都有可能影响孩子对规则的理解。例如，在孩子第一次挑战家规的边界时，如果父母明明看到孩子违反约定却置之不理，那么孩子可能误认为不需要遵守约定。第一次挑战成功后，他就会继续挑战第二次、第三次。这样，规则就无法真正建立起来。

小练习：约定家庭会议的时间和频率

家庭会议记录是教育成果的呈现。平时父母与孩子的冲突，或孩子之间的冲突，如果当时没有很好地解决问题，都可以放在家庭会议上来解决。或者当时已经解决了，在家庭会议上进行复盘。

家庭会议是赋予孩子力量的机会，表扬与肯定孩子的付出是必不可少的环节。可以根据实际情况来安排每个话题之间的顺序，建议使用家庭会议记录模板（见表 5-6）做记录。

表 5-6 家庭会议记录模板

时　间			
地　点			
参会人员			
会议时长			
主　题	事件：	结论：	备注：
点　评			
复盘反思			
表彰大会			

适当放手
——相信孩子能做到

在家长群里，玥玥妈妈诉苦："玥玥总是需要我提醒才开始
做事，一点都不主动，最怕的是提醒作业，真的是'不写作业母
慈子孝，一写作业鸡飞狗跳！'作业不是学生该做的吗？怎么变
成了我的任务似的！大家的娃在家会这样吗？"其他父母都回应
着相似的画面。

有一个很有意思的观察，父母对孩子的照顾越是细致入微，
孩子的依赖程度越高。虽然这个观察并不代表全部，但出现这种
情况的概率还是挺高的。可能你会觉得很委屈，想不到孩子的依
赖与自己的照顾有关，但其实只需要稍微改变细节，情况就可以
得到改善。

父母细致入微的照顾背后隐藏的原因之一，是对孩子能力的
不信任。应该多给孩子实践的机会，让孩子在实践中提升自己的
能力，看到孩子能力的提升后，就更愿意相信孩子能把事情做好，
从而放手让孩子独立完成更多的事情。最简单的方式，是让孩子
做力所能及的事情，从小事开始锻炼，并相信他能做得到，即使
在这个过程中，孩子会犯错误，也不要着急马上帮助孩子解决困

难，而是让孩子自己思考如何解决，除非他发出请求帮助的信号，再从旁协助。

如何让孩子独立完成力所能及的事情？具体方法如下。

一 动员大会

动员大会，在这里是指在行动前给孩子打气助阵的一个仪式，不一定要很正式地开会，只需要鼓励孩子，达到动员大会的目的。这相当于给孩子做思想工作，让孩子的大脑去指挥自己的行动。那么，首先是孩子的大脑对自己有信心，才能让下一步更顺利。

既然是给孩子行动的信心，就要摆事实，让孩子从心里相信自己的能力。父母所摆的事实越具体、例子越多，孩子的信心越充足。在谈及孩子的优秀表现时，孩子不一定理解你的意图，但肯定会对自己的能力有所认同。当孩子点头认同的时候，距离培养孩子成为做事小能手的目标就又近了一步。

> "我上次看到你为全家人晾衣服，而且你很仔细地把每件衣服都整理平整，你做事情很仔细，发现你的优点后，我非常欣赏你！"

在这句话里，把孩子做事情的认真程度，通过对细节的描述表达出来，孩子就明白自己做得好的点是什么，在下一次做同样的事情时，他会继续发扬这个优点。类似的优点描述，若在同一时间说出两三个例子，孩子此刻是愉悦的，内心也充满正能量。那么，动员大会的目的就达到了，这类似于"兵马不动，粮草先行"。在孩子做事情之前，先给孩子精神食粮，这可以让孩子事半功倍。

二 挑战书

挑战书，意思是让孩子挑战能力范围以外稍稍努力就能达到的事情。可以用游戏的方式来完成任务，也就是挑战任务。

在挑战之前，先列举孩子目前可以独立完成的事情，接着提问有哪些事情他还未尝试过，并把没做过的事情写下来。同时，鼓励孩子选择一项任务来挑战，并说明"不管挑战是否成功，勇敢踏出第一步就是最棒的"。这句话背后隐藏的意思是，如果孩子挑战失败，也不会受到责备；如果孩子挑战成功，会获得加倍赞许。

> "你已经把这么多事情做得很好了，还有没有哪些事情没有尝试过呢？要不我们现在就来尝试，说不定有意外收获……"

鼓励孩子尝试新事物，与销售员促单的心态和方法是一样的。不去尝试，成功的概率是 0；勇于尝试，成功的概率是 50%，即使不成功，也没有损失；万一成功了，收获就翻倍。何乐而不为呢？

举个例子，平时孩子写作业，25 分钟才完成一个科目的作业，那么，鼓励孩子尝试 20 分钟完成一个科目的作业，大胆去挑战。如果成功了，写作业的速度得到提升，获得正反馈后，他愿意继续保持这个速度或挑战更快的速度。如果没成功，也不要责备孩子，表扬他认真对待作业，赶快把剩下的作业写完，收获的是任务的完成，他也没有损失。第一天没有挑战成功，第二天继续挑战……在这个过程中，还提高了孩子写作业的专注力。

其实，对孩子来说，他更希望挑战作业以外的新事物。例如，让孩子尝试独立去小卖部买爱吃的零食；让孩子尝试独立完成淘米、煮饭的整个过程……在孩子眼里，这些事情都非常有趣，而且还能培养孩子的综合能力。

让孩子选择他想尝试的事情后，协助孩子在笔记本或白纸上，写出这项挑战任务，这可作为挑战书，那么，完成任务就是一项游戏。记录是让后续的表扬与总结环节有更多的可视化证明。

三 挑战任务

挑战任务，目的是帮助孩子发展创造性思维，提高孩子解决问题的能力和适应能力等。凡事都会有第一次，根据孩子的年龄与心智选择挑战的任务。在这里，用孩子独立购物作为例子。或许你会担心孩子独自购物会发生危险，但如果不放手让孩子尝试一次，怎么能更好地唤醒孩子的自主意识呢？

对于这一项挑战任务，人身安全是最重要的。在孩子出门之前，一定要跟孩子强调防骗等知识，因为孩子有可能需要运用这些知识来保护自己。在这个时候跟孩子强调这些知识，他是记得最牢固的。"与我有关"的事情，孩子会专心地听并牢记。

强调保护自己后，给孩子购物清单和合适的金额，还可以给孩子一个小"彩蛋"，如果买完购物清单里的东西还剩下零钱，给他自由支配这部分零钱的权利，孩子听后心里肯定乐开花。为保险起见，建议给孩子佩戴带定位的电话手表才出门，不怕一万，只怕万一。

我家孩子在第一次独立购物的时候，就出现了零钱在回家路途中丢失的情况。我给他的任务是帮我买一个青瓜，他还可以买一份自己喜欢的零食，然后把剩下的零钱还给我。回到家后，让他告诉我青瓜和零食的价格，并计算出最终剩下来的零钱数额。他算出来的金额与手上实际拿着的金额不对等，才发现自己丢了20元。这个购物与计算的过程，是把数学知识与生活知识相结合的好方式。学知识是为了用起来，如果知识学了不用，就等于没用，用起来的知识才内化成自己的能力。也正因为有这样的实践经历，老师讲到金钱这部分的知识时，孩子掌握得非常好。这种一举多得的挑战任务，值得鼓励孩子尝试。

四 表扬与总结

在前面的动员大会环节，已经表扬过孩子了，为什么在这里还要再表扬孩子呢？其实，这一环节的表扬是肯定孩子敢于挑战的勇气，不管挑战任务成功与否，只要敢于行动，都应该被发现、被鼓励、被肯定。

同样，表扬要具体到细节上，而不能泛泛而谈。而且，对孩子的一切肯定与鼓励都值得记录下来。这些记录都让孩子有更多的动力，独立完成更多的事情，相当于给孩子装上一个"马达"，逐渐把孩子培养成做事小能手。孩子习惯了独立完成事情，还需要担心他的自主意识淡薄吗？

当然，表扬之后还需要对任务进行总结，扬长避短是为了下一次做得更好。教导孩子不要为了一次的失败而垂头丧气，总结失败的经验，避免下次重复犯错；也不能因为一次的成功而沾沾自喜，总结成功的方法，让下次有参考的经验。

总结的能力，不仅能用在事情的复盘上，还可以迁移到学习上。孩子主动对知识进行总结，学习能力可以得到很大的提升。我小时候学钢琴，有了练琴的量，再总结成练琴心得，不但提升了练琴的质量，还把总结的能力迁移到文化科的学习上，使得我的成绩稳步提升，这就是总结的魅力所在。每个孩子都应该习得这种能力，父母协助孩子对任务进行总结，就是潜移默化地提升孩子的总结能力。

让孩子自觉主动地做事情，首先要相信孩子有能力把事情完成得很好。然后，才会有更多的方法和想法来肯定孩子并增强他们的信心。同时，父母需要有放手的勇气，让孩子接收到的是鼓励而不是打击，这样他们能够积累更多的信心，并相信自己真的有能力完成事情。渐渐地，孩子会将尝试和挑战变成习惯，这种良性循环又拉近了彼此的距离。在这个过程中，孩子的自主意识得到了培养，对于建立互相信任和赋能，其作用也是不可忽视的。

小练习：让孩子尝试独立购物

让孩子独立购物的尝试，需要根据孩子的实际年龄和心智来决定，并不能盲目地让三四岁的孩子独自尝试。若孩子年龄较小，可以改为父母在旁陪伴，以保证孩子的安全，购物和付款等全过程让孩子独立完成。

观察孩子购物的过程，可能你会惊讶孩子的决策和购物方式，孩子所表现的行为都是在模仿你的行为。购物结束后，在总结环节可以多给孩子一些不同的建议，启发孩子思考为什么做这样的决策等。每一次的实践都让孩子积累不止一项的经验，参考使用记录挑战模板（见表5-7），让行动产生收获。

表 5-7　记录挑战模板

挑战书					
挑战人		年　龄		挑战日期	
挑战任务					
任务目标					
完成结果					
表扬大会					
总结大会	做得好的方面		可以改进的方面		收获与迁移

▲ 奖杯立牌

制作提示：

两图分别沿边框裁剪，下图的虚线划开口，奖杯下的长方条插进虚线内，并整理至奖杯立起状态。

这是我送给孩子的第五份礼物：奖杯立牌。
在大脑里植入胜利的种子！

第六章

培养时间管理能力

时间管理就像自驱力大树的肥料，懂得时间管理的孩子在未来更具有竞争力。本章分享的方法可以教会孩子充分利用每一分每一秒，并让时间在学习和生活中发挥更大的效果。

第 一 节

认识时间
——记录时间的行程

　　时间已经来到了 7:18，小鹏爸爸催促着："电梯快关门了！你刚刚干吗去了？就不怕迟到吗？别磨蹭了，快来！"原来小鹏是 7:30 要进到教室的，即使开车速度再快，12 分钟赶到学校还是挺难的。一路上，小鹏爸爸不停责备小鹏没有时间概念。

　　每当出门的时候，孩子不是没穿鞋子，就是忘戴红领巾，特别郁闷的是在路上才发现水杯也忘带了。孩子上学一整天，没有水杯喝不到水怎么办？既要赶时间，又要解决喝水的问题，只能在路上给孩子买一瓶水，但你有没有统计过这种情况下买水的频率。虽然这个问题通过钱可以解决，但怎样才能解决根本问题呢？

　　解决的办法有很多，本章从时间管理这个维度进行探讨。孩子做事情没有明确的目标，一方面是对目标没有清晰的认知，另一方面是没有清晰的时间概念。帮助孩子建立时间概念非常重要，可以给不同的时间段赋予一个专属定义，定义出每个时间段里的属性。简单地说，就是给时间分类。

例如，从孩子醒来那一刻到进到学校之间的时间，可以按以下步骤进行分类。

一　列出这段时间内需要做的事情

在这个步骤里，只需要通过头脑风暴的方式把所有需要做的事情列出来，必须做的、可能要做的、可做可不做的等都可以写出来，不要给自己设置限制。

现在就进入回忆阶段，回忆平时哪些东西总是忘记拿的，哪些事情总是忘记做的。只要不给自己设限，就能列出一大堆可以做的事情。如果是带着孩子一起实践，可以给孩子两张大白纸，一张是写平时上学的时间段里会做的事情，另一张写周末在同样时间段里会做的事情。

为什么要这么做？这是为了给大脑充分的思考时间。在后续清单管理的章节，这个步骤仍然需要进行。

在这里用孩子的早上时间，简单举例：

> 起床、刷牙洗脸、吃早餐、整理书包、检查作业是否带齐、带水杯、戴红领巾、背单词、背古诗、听英语、听课文、穿袜子鞋子、喝水、上洗手间……

在头脑风暴时，列举的事情越详细越好，即使是小事情也可以列出来。例如，孩子忘记带作业会对他们的学习产生影响。如果能做好这些小细节，不仅可以减少麻烦，还可以让孩子保持良好的学习状态。换言之，想到的细节越多，对孩子的帮助就越大。

二 按时间线排列需要做的事情

在上一步骤的头脑风暴里，想到什么记录什么，每件事情之间不需要有关联。这一步骤就是把上一步骤记录的事情按时间线排列出来。建议以孩子思考为主导，父母的引导为辅助。如果是父母帮助孩子来安排，孩子对时间的认识依然是模糊的。让孩子自己思考如何安排这些事情的前后顺序，能帮助孩子深度思考，这样才能对时间有一个正确的认识。

可以提问孩子，起床后先吃早餐再刷牙，这样的安排是对的吗。不着急去纠正孩子的安排，但必须提问孩子这样的安排是对还是错。如果是对，有什么优点；如果是错，又有什么影响。

在成人的固定模式里，肯定是先刷牙再吃早餐的前后关系。但有些孩子是不会自觉刷牙的，可能孩子觉得不刷牙也没关系，也可能孩子没有经历过牙痛，更不明白刷牙的重要性，哪怕他已经满口蛀牙了，也想着如何逃避刷牙。当然，对保护牙齿的意识，父母起到重要的引导作用。如果孩子从小没有刷牙的概念，就有可能不刷牙直接吃早餐。

所以，让孩子自己来安排事情的前后顺序，是引导孩子深入思考的重要步骤。而且，需要对孩子进行多方面的教育，比如保护牙齿、减少丢三落四的坏习惯等。此外，对每件事情的安排，都可以进行类似以下的提问。

①如果把这两件事情的顺序交换，会有怎样的结果？

②交换之后是对还是错？为什么？

③把这件事情安排在这个时间段，有什么好处？

把上述例子根据时间先后顺序排列，得出以下结论。

> 起床、上洗手间→刷牙洗脸→喝水→吃早餐→整理书包、检查作业是否带齐→早读→穿袜子鞋子、戴红领巾→带水杯→……

以上仅仅是参考，可以根据孩子的实际年龄和实际情况进行多方面的提问交流，从而达到引导孩子思考事情因果关系的目的。在这个步骤里，可能花很长的时间，也可能花很短的时间，也可以针对同一个时间段进行多次讨论与交流，或者讨论得出一次结论后，实践一段时间再进行复盘。

三 优化时间的安排

在上一步骤里，让孩子自己来安排事情的先后顺序，可以趁热打铁，马上让孩子进入第二轮的深入思考——如何优化时间安排。

例如，孩子在刷牙的时候，耳朵是闲着的，那么他可以利用这块碎片时间来听课文，听什么都不重要，重要的是培养孩子有一颗爱学习的心。一个随时想着如何充分利用时间，如何更高效地安排学习内容的孩子，你还担心他会学坏吗？

上述关于学习细节的安排，都需要父母的引导，孩子不可能一开始就知道这样的学习方式，每个人都需要有第一次的认识，把这些学习方法分享给孩子，孩子才有第一次的概念，这也就是举一反三中的"举一"。如果孩子根本就不知道有这样的学习方式，却要求孩子"反三"，迟早会影响亲子关系。

优化时间安排的目的，是让时间的利用更高效。但也不是第一次做时间管理，就一定要做到这一步，特别是第一次认识时间的孩子。可以让孩子先进行上述的第二步，实践了一段时间后，再跟孩子一起复盘，思考如何优化时间安排。任何事情都有一个过程，循序渐进可以让事情发展得更稳健。根据孩子的实际情况，一步一步地前进，就已经是非常大的进步了。

（四）给时间分段并定义时间的属性

大部分幼儿园会倡导区域管理，即把教室分成阅读区、游乐区、休息区等，孩子很喜欢这样的区域划分，幼儿园老师还会利用这些区域，跟孩子做游戏。这里就给了孩子一个概念——在什么区域就做什么区域的事情。例如，在阅读区就静静地看书。

把这样的概念套用在时间管理上，就是给时间分段并进行时间属性的定义，每个时间段都有限定的时间长度，也就是时间的边界感，有了边界感后，可以通过游戏的方式让孩子进一步认识时间。每一个时间段就是一个小任务，在规定的时间里完成对应的任务，孩子能得到相应的小红花，就像获得勋章一样获得成就感。通过每天完成多个小任务的方式，积攒孩子的成就感，渐渐地让孩子成为时间的朋友。这样，孩子就对时间有了正确并深入的认识。

更重要的是，即使孩子在一个时间段内的任务没有挑战成功，并不代表下一个时间段内的任务肯定会失败，这可以减少孩子一遇到失败就全盘放弃的概率。有些孩子很看重全程的挑战是否都成功，这时需要告诉孩子：追求十全十美的做事态度很好，只要尽了最大努力，都值得被称赞，坦然接纳结果，哪怕结果不尽人意，但并不影响继续前进的步伐。

继续沿用上述例子，给每个时间段分类并定义时间的属性。

> **起床清醒期**：起床、上洗手间→刷牙洗脸→喝水→吃早餐，同时听英语等。
>
> **上学准备期**：整理书包、检查作业是否带齐。
>
> **出发检查期**：穿袜子鞋子、戴红领巾→带水杯→……

孩子从起床到上学出门通常只有半个小时，但可以分为三个时间段，每个时间段孩子的精神状况都不同。例如，在起床清醒期，孩子可能会有起床气，这时可以把播放英语或背课文改为听动感的音乐或打鼓声，振奋士气，让身体充满活力。

第一个时间段让孩子清醒后，就进入第二个时间段，也就是上学前的重要环节，这些准备工作不一定要等到早上才去完成，若孩子没有养成睡前收拾书包的好习惯，那么这个时间段的任务就非常重要。完成后，进入第三个时间段，相当于教给孩子在考试的时候要养成检查的好习惯一样，不要嫌弃啰唆，检查多一遍，烦恼少一堆。

经过以上四个步骤，带着孩子记录时间的过程，可以帮助孩子逐步正确认识时间。孩子对时间有了基础的认知，也就对时间管理有了基本的概念，这有助于对后续更多的时间管理方法的理解与运用。

☰ 小练习：绘制孩子的专属时钟

建议用绘制圆饼图的方式来绘制孩子的专属时钟，可以参考一天时间图（如图6-1所示，以暑假中的一天时间安排为例）。而每个时间段的内容或任务，可以用图解的方式来展示，只要孩子能看懂就行。如果孩子年龄较小，父母与孩子一起制作，并协助完成。

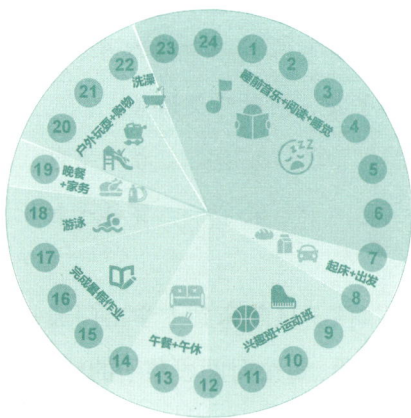

图 6-1　一天时间图

第 二 节

事项分类
——事情的四象限

亮亮妈妈说："你家孩子写作业快吗？亮亮昨晚 11 点还在写作业，看着都心烦！"小荣妈妈说："是啊，我看作业清单的内容并不多，但就是写得慢！"小欣妈妈说："是昨晚吗？小欣昨晚很快就写完了呀，难道不是写相同的作业？"

在小学的家长群里，偶尔会有父母诉苦说孩子写作业慢。或许孩子的作业会有阶段性的变化，但不管作业量如何变化，引导孩子做好时间管理是一生的重要话题。时间管理的方法有很多，其中教会孩子对事项进行分类，并合理安排事情的轻重缓急，是简单易上手的方法。而且，这个方法适用的场景非常广泛，很适合孩子的时间管理入门。

如果同样的作业量，班上大部分同学都能在一定的时间范围内完成，但你家孩子写作业的时间，比这个范围要慢很多，就需要协助孩子分析他的时间安排顺序是否合理。

假如一个晚上的作业里，有 20% 的题目比较难，50% 的题目不难也不简单，25% 的题目比较简单，剩下 5% 是预习题。你家孩子平时如何安排这些作业的顺序呢？

现在，先了解什么是事情的四象限，其与事项分类的关系是什么。四象限是用重要与紧急的关系进行事情等级的划分，把事情进行分类后，得出四个象限。

- 既紧急又重要。
- 紧急但不重要。
- 不紧急但重要。
- 不紧急不重要。

进而，用图解的方式得出事情四象限图，如图 6-2 所示。

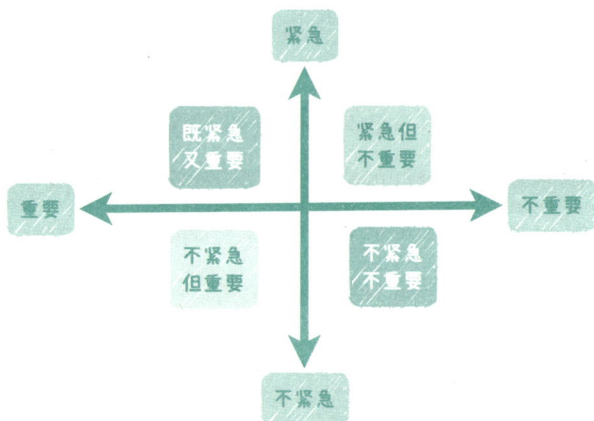

图 6-2　事情四象限图

在四象限图里，越往左边的安排越重要，越往右边的安排越不重要，越往上的安排越紧急，越往下的安排越不紧急。

要明白一点，四象限是一个概念，上述安排是一个思考原型，套用在孩子的作业上，可以把象限之间的关系做改变。例如，把象限之间的关系改为写作业的速度与写作业的时间长度，可以得出下面的分类。

- 写得快，时间短。
- 写得快，时间长。
- 写得慢，时间短。
- 写得慢，时间长。

那么，把一个晚上的作业分配在四个象限里，又是怎样的呢？如何安排才是最高效的呢？答案并不唯一，提高孩子的作业效率才是关键，分享以下小技巧，根据孩子的实际情况来参考。

沿用上述例子，得出以下结论。

- 写得快，时间短：25% 比较简单的题目。
- 写得快，时间长：50% 不难也不简单的题目。
- 写得慢，时间短：5% 预习题。
- 写得慢，时间长：20% 比较难的题目。

分类之后发现，除了 20% 难的题目和 5% 的预习题写得比较慢以外，剩下 75% 的题目都可以写得比较快。那么，在分配题目顺序的时候，需要根据孩子当时的精神状态来安排。

如果孩子的精神状态比较好，干劲比较足，先把 20% 比较难的题目啃下来，解决了难题后，剩下 80% 的题目，虽然可能花的时间跟前者差不多，但很快就可以完成，后面会越写越起劲，因为孩子已经跨越了困难的高山，拥有了自信，这时还可以鼓励孩子："难的题目都被你解决掉了，简单的题目还需要害怕吗？"

　　如果孩子的精神状态一般，或者是对作业有点拖延或畏惧的情绪，这时候就需要先安排 25% 比较简单的题目，主要用于增强孩子的自信心，同时鼓励孩子："哇，你好棒啊。那么快就完成了 25% 的作业了，接下来把 50% 不难也不简单的题目完成，那今天晚上的作业也就胜利在望了。"大部分的作业都完成后，再鼓励孩子挑战比较难的题目。

　　看了上述例子后，你对四象限分类有什么想法呢？还可以把这样的方法用在哪些方面呢？其实，孩子晚上到家，除了写作业，还有很多事情可以做。怎样安排作业以外的事情，能让孩子得到更大空间的发展呢？

　　对于孩子来说，学习是主要任务。学习是让孩子成人成才的最好方式。再把目光放长远一些，孩子现在的学习，是为了长大后，能有更好的生存竞争力。

　　希望孩子更优秀，孩子不单单要学习，还要培养孩子德智体美劳各方面全面发展。把目光再放长远一些，孩子现在的努力，都是为了能有更好的未来。

　　当然，以上观点并不代表全部孩子的选择。而且，在学习以外的选择上，需要根据孩子的实际情况，选择适合孩子的兴趣特长或其他安排。可以参加兴趣班，也可以参与家务劳动，或进行体育运动等。

那么，希望培养孩子的兴趣特长、热爱劳动等方面，还要求不落下作业，有什么解决办法呢？

下面我们一起来引导孩子合理安排时间。

一 列出孩子可能会做的事情

在这里，先把范围限定在孩子放学的晚上，这样的方法还可以套用在周末或假期里。四象限这个时间管理工具是触类旁通的，在安排的时候，最好也给时间限定一个合理的范围，相当于专事专办，这样效率会更高。

假如孩子是下午 5 点放学，晚上 10 点入睡，从放学到入睡有 5 个小时，孩子可以做的事情非常多，写作业只是其中的一部分，鼓励孩子多发展其他方面。而其他的发展，在家里都可以培养。例如，培养孩子做家务的好习惯，这可以培养孩子爱劳动的良好品德。

如果是父母接了孩子放学才回家做饭，那么就可以让孩子参与做饭。现在都提倡培养孩子的独立自理能力，教会孩子做饭就是很好的锻炼机会。除了参与做饭外，孩子坚持做家务，培养的是孩子坚持的品质。在做家务的过程中遇到困难，父母协助孩子解决困难，培养的是孩子克服困难的精神。在做家务的过程中学到的知识，在课堂上不一定能学到，这也是家庭教育的重要一部分。

现在，列出孩子放学的晚上，可能会做的事情：

写作业、练琴、散步、跟同龄孩子玩、洗碗、叠衣服、洗澡、阅读、下棋、看电视、与父母谈心、煮饭、炒菜、打球……

上面都是举例，可能有些孩子做的家务更多，也可能有些孩子还没开始做家务，都不要紧。时间管理是对一定时间范围或一个阶段的时间进行管理，如果孩子现在年龄比较小，还没开始做家务，可以在下一阶段去增加，不需要跟别人比，只需要跟自己比，每次进步一点点就很好了。

二 画出紧急与重要的四象限

在本节的开头，已经提到紧急与重要的四象限分类与图解。我给出的图解是一般情况下的安排，使用者可以把左右方向或上下方向进行交换。所以，横坐标与纵坐标的标记一定要清晰，这是为了在下一步分配事情等级的时候，可以放对位置。

画四象限的坐标时，建议使用不可擦的圆珠笔或签字笔；进行事情等级分类的时候，使用可以擦的铅笔，这样即使有错也可以更改。

如果不喜欢画横坐标与纵坐标，可参考事情四象限表模板（见表6-1）。

表 6-1　事情四象限表模板

既紧急又重要	紧急但不重要
不紧急但重要	不紧急不重要

三　把事情等级分配到四象限上

在事情等级的分配上，每个孩子在不同的阶段都有不同的重点。例如，刚开学的时候，作业任务不是那么重，可以把作业分配为不紧急但重要的等级。但临近考试的时候，肯定是把作业分配为既紧急又重要的等级。

所以，在分配事情等级的时候，需要考虑孩子当时的外部环境和条件。而且，事情的等级可以根据实际情况来调整，需要让孩子认识到：工具是为我所用的，而不是呆板限制。这好比我们只有 10 个手指头，却可以在 88 个琴键上弹奏优美的歌曲一样。灵活运用时间管理工具，是时间管理的核心。

沿用上述例子，假设孩子是刚开学的阶段，可以得出四象限分配结果表（见表 6-2）。

表 6-2　四象限分配结果表

既紧急又重要	紧急但不重要
洗澡、阅读、与父母谈心……	练琴、洗碗、叠衣服、煮饭、炒菜……
不紧急但重要	不紧急不重要
写作业、下棋……	打球、散步、跟同龄孩子玩、看电视……

以上结果并不唯一，也不是标准答案，仅仅是一个参考。在分配事情等级的时候，关键要根据孩子的实际情况进行安排。

四 讨论事情安排的原则

把事情分配等级后，最重要的还是时间安排。那么，如何合理安排时间呢？需要制定一个原则让安排更合理。在上一节提到，时间是有属性的，沿用到这一节里，是在不同的时间属性里，优先安排重要的事情。

在上述的不紧急不重要的象限里，打球、散步、跟同龄孩子玩、看电视等，并不是一个晚上内都要做的事情，可以根据实际情况作出选择。例如，孩子的重要事情，或前三项内容都完成了，就可以自由安排剩下的时间，孩子可以按自己的意愿选择其中任何一项喜欢的事情。

又或者是孩子在某一天的作业非常多，虽然在刚开学的时候，写作业属于不紧急但重要的事情，不管安排在前还是后，都是必须完成的事情。属于紧急但不重要的事情，比如表格里的具体家务劳动，孩子是可以少选或不选的。

再如表格里的既紧急又重要的与父母谈心这件事情，其实可以安排在睡觉之前，也就是睡前聊天。这个谈心时间可以长也可以短，并不影响其他事情的进展。虽然是紧急又重要，但不一定就要安排在刚放学的时间。与孩子谈心可以作为每天的必做事项。

父母与孩子的交流不仅对培养孩子的思维能力至关重要，还能让孩子感受到父母真切的关爱。

小练习：绘制孩子的事情等级四象限

选定一个时间范围，然后按照上述四个步骤，协助孩子绘制事情等级四象限。

选定的时间范围：＿＿＿＿＿＿＿＿＿＿＿＿。

填写事情等级四象限表（见表6-3）。

表 6-3　事情等级四象限表

既紧急又重要	紧急但不重要
不紧急但重要	不紧急不重要

第 三 节

提高效率

——巧用番茄钟，高效进入心流状态

小兰妈妈问："大家都说一年级很重要，你们平时陪孩子写作业吗？"小枫妈妈说："我陪，但每次都被气疯。例如，有一道题，一只青蛙有四条腿，问四只青蛙有多少条腿。小枫回答八条腿，我当场就晕过去了。他竟然以为是 4+4=8。我解释了很久，还拿小棒演示，他才把答案做对。一道题都要解释这么久才完成，一个晚上都在写作业了，什么都干不了。"

很多父母一提起孩子的作业就头疼。辅导孩子写作业，真的这么可怕吗？真的没有有效可行的解决办法吗？还是没有尝试过深入探究事情的真相呢？

孩子写作业慢的原因肯定有很多，而且每个孩子都是独立的个体，每个人的情况与原因也不尽相同。在本节，主要讨论如何从时间管理的角度，提高孩子的时间利用率，从而提高孩子写作业的效率。

在讨论时间管理时，应注意一个关键点，即注意力的时长。无论孩子还是成人，注意力都是有限的，提高时间利用率是建立在有限注意力基础上的。只有研究如何提高效率，才有意义。否则，时间管理的意义也将有所偏移。例如，深夜赶作业倦怠疲惫，大脑不清醒，这时需要考虑的并非如何提高时间利用率，而是先好好睡一觉，第二天早起后再继续完成任务。

如何提高孩子的时间利用率呢？其中一个高效的办法是，让孩子进入心流状态。那么，什么是心流状态呢？

心流的概念最早由心理学家米哈里·契克森米哈赖在他的著作《心流：最优体验心理学》中提出。米哈里将心流定义为一种将个人精神力完全投注在某种活动上的感觉，心流产生的同时会有高度的兴奋及充实感。把心流状态用于孩子身上，就是让孩子有目标而且高度专注地完成自己的任务，比如作业。

其实，简单的几个技巧就能拥有心流状态，提高办事效率。

一　自我催眠

自我催眠的作用在于减少心理障碍，在讲解自我催眠之前，先看以下选择题。

下面两种状态，你觉得哪种状态的办事效率比较高？

● 内心很多杂念，有很多不安、担忧等负面情绪的状态。

● 心里没有杂念，勇往直前，正能量满满的状态。

毫无疑问，你肯定会选第二项，想要高效率完成一件事情，一根筋地只想着这件事情如何做，遇到困难如何解决，怎样才能做得更好等，在这样的状态下办事，肯定比第一项的状态办事效率高很多。在第一项的状态下，孩子可能想着做完作业可以玩什么游戏，想着想着可能就变成马上去玩游戏而不想写作业了。在这种状态下写作业，完成速度肯定慢，被发现后又被批评，被批评后心情又不好，又继续开小差，反复的恶性循环，更别说做难的题目要集中注意力，可能连简单的题目也只是马虎对待。

引导孩子在第二项的状态下办事，可以参考以下策略，在《孙子兵法·谋攻》里有这么一句话："上兵伐谋，其次伐交，其次伐兵，其下攻城"。意思是：用兵的上策是在战略上挫败敌人，其次是在外交上挫败敌人，再次是用进攻挫败敌人，最下策是攻打敌人的城池。

如果把这四种策略用在孩子的教育上，特别是处理亲子矛盾的困扰上，你更喜欢哪一种策略？

1. "上兵伐谋"

"上兵伐谋"，此处是指依靠谋略，包括思想、肢体语言、爱的呈现、关心的话语等手段的综合运用，避免双方立场对立，通过提前解决问题，阻止矛盾激化。通俗地讲，就是说服孩子，让孩子在思想上与父母站在统一战线上，并把"自己的事情自己完成，还要办得漂亮"这样的想法植根于孩子心底，也就是"作业是自己的，做得好是应该的"。

2. "其次伐交"

"其次伐交"，此处是指当亲子矛盾已经显现时，动员家人、老师、同学等力量，对孩子进行沟通和说服，并利用父母的威严让孩子妥协，从而达到孩子听话的目的。

3. "其次伐兵"

"其次伐兵"，此处是指实施严厉的责备计划，以解决除爱和思想外的亲子矛盾。简单地说，就是只有父母能提出要求，孩子没有商量的机会，也不接受孩子的意见与反驳，孩子只能照办并尽快结束这一件事情，以便减少亲子矛盾的时间长度。

4. "其下攻城"

"其下攻城"，此处是指在上述三项努力无效的情况下，采取强硬手段解决问题。简单地说，就是批评、责骂，甚至是惩罚孩子并要求他马上改正错误行为。

以上四种策略，可以用于多个场景，在引导孩子的沟通上，第一个策略是最优选择，在思想上让孩子形成"这是自己必须做的事情"的想法，办事效率不言而喻。那么，怎样把这种策略运用在提高孩子的办事效率上呢？怎样引导孩子进入心流状态呢？答案并不唯一，而在我实践过的方法中，自我催眠的方法比较有效。

自我催眠，是让孩子相信自己的能力和潜能，也是心理暗示的一种，让孩子主动办事才是良策，如果孩子需要被动催促，反效果会随着年龄增长而显现出来。

自我催眠可以参照以下表达方式。

● 妈妈相信你有快速高效完成作业的能力，你肯定可以集中精力去完成今晚的作业，加油！

● 虽然今晚的作业比较多，但妈妈相信你能做好计划，并在计划内完成，需要我给你一点小建议吗？

● 你每天写作业都是独立完成，太棒了！经过这么多个晚上的练习，我相信你今晚的效率可以再提高一些。你现在有什么想法？

需要注意的是，自我催眠需要在孩子开始办事或写作业之前进行，通过引导和正面思想激励，给孩子注入积极的能量。如果等到孩子出现负面情绪再去沟通，效果会大打折扣。因此，将自我催眠视为一种仪式感，并在孩子开始做事之前就给予鼓励和支持，效果会更好。

二 制定目标

制定目标的作用，是让孩子朝着一个方向去努力，直奔主题。关于目标的制定，需要尽可能地贴近实际，而不是假大空的目标。

以写作业为例，如果晨晨今晚的作业量和难度与往常相同，需要 1.5 个小时完成，将目标设定为 30 分钟内完成所有作业是不现实的，这样的目标会给孩子带来极大的压力，孩子还有可能选择放弃挑战，甚至更加磨蹭。如果将目标设定为 1.4 个小时完成作业，晨晨只需要在某项作业里加快速度就能达成目标。这样一来，晨晨得到正面反馈，下一次就更有动力完成目标。

　　为了提高效率，建议在一个时间段内只制定一个目标。如果目标数超过三个，容易造成精力和注意力的分散，导致在每个目标上只完成一部分，从而感到沮丧和烦躁。最终，可能会草草完成目标或者丧失信心，认为自己什么事情都做不好。这种消极情绪会影响对目标的设定。

　　还有一点需要注意，即使孩子没有完成既定的目标，也不要急于指责或批评。人生的路还长着呢，小小的不如意并不会造成很大的影响，就如你小时候的某项考试得分很低，但并不影响现在的生活。所以，不必纠结小小的不如意，而且这并不代表失败，吸取这次的经验教训，争取下次达成目标。

三　分解任务

　　有了目标，还要把目标分解成能落到实际的小任务。继续用一个晚上的作业作为例子，比如 20 分钟完成数学、25 分钟完成语文等，可以按单个科目的方式划分任务，也可以按听说读写的方式来划分任务。分解任务的方式按照孩子平常完成作业的习惯进行即可，越是熟悉的方式，孩子越得心应手，但前提是孩子的习惯或方式都是科学的。

　　如果你认为孩子分解任务的习惯或方式并不科学，也不能强行制止或强塞自己的建议。正确的方式是，在恰当的时机，与孩子探讨如何科学地分解任务，或一起向老师请教。而且，父母的角色是倾听者，多提问孩子任务分解方式的原因，再引导孩子总结这些方式的结果与效率，并引导孩子思考有没有第三选择，最后才分享自己的想法与观点。或许你会发现，孩子这样做有自己的道理。父母与孩子的年龄差距决定双方的阅历并不相同，经过探讨后如果发现孩子的方法可行，就需要尊重孩子的决定。

> 以洗碗为例，比较高效的洗碗方法是，先在洗碗盆里放少量的水和一定量的洗洁精，搅拌后再洗碗，这个方法既省洗洁精又洗得干净不油腻。但其他人看到这种方法并不一定认同与接受，还可能强塞他的方法，即把洗洁精直接挤在洗碗布上再洗碗，但当碗的数量多了之后，会出现部分碗有油腻的情况，但洗洁精多挤几次又显得浪费，也就是说这种洗碗方式并不高效。

如果你的孩子是前者的方法，而你是后者的方法，你会让孩子放弃更高效的前者，而选择后者吗？如果强行让孩子放弃高效的方法，仅仅是因为你是孩子的长辈就要听你的，这样真的对吗？

所以，在与孩子沟通的时候要做倾听者，了解孩子行动的原因，最好还能让他自己判断不同方法之间的优势与缺点，最后明确自己的选择原因，而不是盲从。在这种情况下，孩子对目标的分解与接下来的行动都是有理有据的，办事效率也会更高。

四 设置番茄钟

在《番茄工作法》这本书中，广义地把 25 分钟工作时间作为一个番茄钟，结束后休息 5 分钟再往下进行。可以把这个方法用在孩子高效办事上，番茄钟时长的设置可以根据孩子的实际年龄和专注力时长进行调整。例如，一二年级孩子的注意力，相对来说没有五六年级孩子的注意力时间那么长。在设置番茄钟的时候，针对一二年级的孩子，可以先把番茄钟的时间长度设置为 15 分钟；而五六年级的孩子，番茄钟时长可以从 20 分钟起步。

番茄钟的时间长度不是固定的。如果孩子熟悉了番茄钟的用法，并能在每个番茄钟内高效完成任务，就可以适当延长番茄钟的时长。如果某项任务提前完成，番茄钟也可以提前结束。方法和实际操作都应灵活运用。使用番茄钟的目标是让孩子专注于单项任务，在限定的时间内高效完成。而让孩子进入心流状态，是实现这个目标的关键。

设置好番茄钟的时长后，让孩子估算每个小任务的番茄钟数量并做好记录。这些记录可以作为以后调整番茄钟的参考数据，而且，还能作为孩子的可视化进步成果的展现。

关于番茄钟的使用，可参考番茄钟记录表（见表 6-4）。

表 6–4　番茄钟记录表

×× 年 ×× 月 ×× 日	目　标			
序　号	番茄钟时长	任　务	完成情况	备　注

　　番茄钟可应用的场景很多，不管用在哪个方面，目的都是高效完成任务。至于计时器的选择，不建议使用手机。首先，孩子不需要配备手机。其次，手机的吸引力时刻在破坏孩子的专注力。因此，建议单独购买一个计时器。

▤ 小练习：给每个任务计算番茄钟的数量

　　运用上述番茄钟的方法，计算孩子的一项任务或一个晚上的作业总量，共需要多少个番茄钟。

第 四 节

时间 = 财富

——重视每一分钟，珍惜所有机会

小贤做事有点马虎但速度很快，通常出门前，他很快就做好一切准备。这天，小贤跟同学约好去图书馆，出门前妈妈还没忙完手上的工作，叫小贤稍等一分钟，结果小贤高兴地说："还有一分钟，我先看会儿电视！"听后，小贤妈妈又气又无奈。

你的孩子有说过类似表现吗？孩子有抓紧时间的意识非常好，但把抓紧时间用在不恰当的地方很可惜。那么，怎样才能引导孩子把抓紧时间的意识用在正确的地方呢？

时间就是财富。但如何让孩子建立时间与财富的关系呢？孩子真的能理解时间的概念吗？下面以财富的表现形式之一金钱，来通俗地讨论时间就是金钱，从而帮助孩子理解。

首先，要让孩子明白金钱的概念。金钱的本质是价值的交换。以前，价值交换是以实物换实物的方式进行，到后来才出现货币的流通。关于金钱的概念，先让孩子明白金钱可以换想要的东西。

例如，小明家有大白菜，小红家有大米，刚好双方都需要对方的东西，这笔交易通过双方交换就成交了。后来，小明想用大白菜换小红家的篮球，但小红想要皮球不想要大白菜，小明用很多大白菜找小张换了皮球，再跟小红交换到想要的篮球。这样的交换流程比较复杂。但有了金钱后，只需要把自己有的东西换成钱，然后用钱换成想要的东西，过程就变简单了。

接着，如何让孩子明白时间的概念呢？时间对于每个人都是公平的，都是一分一秒地过去，每个人的时间都是同步进行的，而且，时间不能回头。父母需要从小就给孩子灌输珍惜时间的意识，这是时间管理的核心之一。但孩子不一定理解。通过以下步骤，可以让孩子明白时间就是金钱的道理，从而让孩子提高时间的利用率。

一　探讨孩子喜欢的物品或活动

跟孩子讲时间，他不一定感兴趣，也不一定能理解什么是时间。但跟孩子讲他喜欢的物品或活动，比如买喜欢的玩具或去游乐场，孩子肯定感兴趣。用孩子喜欢的物品或活动作为切入点，是把抽象的东西具体化的过程，不但帮助理解，还能让孩子认为这件事情与自己有关，更容易调动孩子的注意力。

在探讨过程中，让孩子随机说出喜欢的物品或活动，同时父母把这些内容用列清单的方式记录在纸上，为后续的步骤做准备。

孩子有可能说的是一些比较贵重的物品，也有可能是很喜欢去旅游。总结孩子所说的内容，往往都是孩子见过但还没得到的东西，或者是已经去体验过而且非常开心的活动。这时候，孩子调动了大脑过去的记忆，同时与后续环节相结合，从而可以更好地理解时间的概念。

二 列出物品或活动相应的价格

知道孩子喜欢的物品或活动后，可以把价格列出来。每件事物都是明码标价，如果不告诉孩子价格，他们可能会认为这些事情都应该自然而然地实现。但孩子不一定知道实现的背后是爱他们的人在买单。告诉孩子价格在操作上并没有难度。最好的方法是，在记录孩子喜欢的物品或活动的清单上，每一项内容后面加上对应的价格。

如果是类似于旅游这样的活动，涉及范围比较广，可以给孩子简单地计算之前的旅游中单人的平均价格，对于孩子来说，主要是给孩子展现渴求背后的代价。

三 展示物品或活动相应的现金

列出了孩子喜欢的物品或活动对应的价格后，他看到的仅仅是一串数字，如果孩子还没上小学，这串数字对孩子来说也仅仅是一串符号而已。为了给孩子解决这个疑惑，建议进一步展示这些价格对应的现金。

孩子看到对应数额的现金后，可以进一步理解那一串数字代表的是什么，因为让孩子凭空想象这堆数字太难了，但给孩子展现价格相对应的现金，孩子看到的是实实在在的金钱，把抽象的数字具体化后，有利于孩子对金钱的理解。

在展示的选择上，建议选金额相对小一些的物品。例如，选择一款孩子平时喜欢吃的雪糕，把价格对应的现金放在孩子面前，孩子就明白拿着这些现金就可以买到喜欢的雪糕了，这也是等价交换的启蒙。

四 给力所能及的家务活标价

每个孩子力所能及的家务活都不一样，或许孩子没有做家务的习惯，又或者没有系统地列出孩子能做的家务，都不要紧，现在一起探讨一起记录就可以了。

孩子力所能及的家务活需要根据实际年龄和实际情况来列举，然后给各项家务标记价格，价格的高低根据家务活的时间长度和难度来决定，但不建议标很高的价格。一方面，孩子属于家庭的一员，既享受着父母的抚养权利，同时也要尽相应的家庭劳动义务；另一方面，随着年龄的增长，孩子会向父母提出涨价的要求。给孩子涨价前，先看孩子的劳动能力和效率，再斟酌提价。所以，一开始的标价不要太高，给后续的涨价预留多一点的空间。

此刻，是把孩子的劳动与报酬，运用公司的模式进行管理。付出时间和劳动，就可以获得相应的劳动报酬。

五　分析每一分钟的价格与价值

在上一步骤里，给孩子力所能及的家务标价后，呈现出来的是一个价格，得到的也是一串数字。要让这串数字与时间挂钩，就需要给孩子分析每一分钟的价格与价值，这一步骤非常重要。

在第三章里提到让家务游戏化，把洗碗设置成六个级别，洗碗这项家务取名为"洗碗王者"游戏，从低到高的级别排序如下。

①白带——收拾碗筷，擦桌子。

②黄带——把盘子洗干净。

③绿带——把碗洗干净。

④蓝带——所有碗筷洗得非常干净。

⑤红带——所有碗筷洗得非常干净，不需要返工。

⑥黑带——所有碗筷洗得非常干净，不需要返工，并把洗手盆清洗干净。

用这个例子来分析每一分钟的价格与价值，不同年龄的孩子需要根据实际情况来定价。例如，3岁的孩子就不能以六级的级别来要求。而9岁的孩子，他的能力就可以达到六级黑带的水平。

根据六个级别相应的劳动报酬，可以得到"洗碗王者"价格表（见表6-5）。

表6-5 "洗碗王者"价格表

级别	级别名称	劳动报酬（元）	参考时长（分钟）	每一分钟的价格（元）	备 注
一	白带	0.5	1	0.5	收拾碗筷，擦桌子
二	黄带	1.5	3	0.5	把盘子洗干净
三	绿带	2.5	5	0.5	把碗洗干净
四	蓝带	4	8	0.5	所有碗筷洗得非常干净
五	红带	5	10	0.5	所有碗筷洗得非常干净，不需要返工
六	黑带	8	12	0.66	所有碗筷洗得非常干净，不需要返工，并把洗手盆清洗干净

在表6-5里可以看到，第六级别每一分钟的价格比前面五个级别都要高，如果要精确到百分比，则比前面五个级别高出32%，具体计算公式：（0.66-0.5）÷0.5×100%=32%。简单地说，就是付出更少的时间，得到更多的报酬。

以上的表格和公式对于孩子来说不一定能理解，只是给父母一个定价的参考方式，但需要告诉孩子一个道理：同样的劳动，完成的时间越短，效率与质量越高，时间的单价越高，收获越大。同样是洗碗，若告诉孩子洗完碗后可以用得到的报酬去买喜欢的东西，或者完成后做他想做的事情，他可以用比平时快两倍的速度完成相应的任务。但如果孩子不珍惜时间，原本 10 分钟可以完成的任务，他却花了两倍以上的时间，那么每一分钟的单价就有所下降。简单地说，就是时间长，报酬少，不划算。想要时间花得值，得到的报酬更多，专心做事提高效率，他的时间就更值钱。

给孩子做了分析后，一定要拿出现金和对应可以买到的东西做展示，可以是图片形式，也可以是实物形式，以下举例的劳动报酬参考表（见表 6-6）是一般报价，每个地区的情况可能会有所不同。

表 6-6　劳动报酬参考表

单次洗碗的劳动报酬，对应可以购买的实物			
级　别	级别名称	劳动报酬（元）	劳动时长（分钟）	可购买的实际物品
一	白带	0.5	1	1 包虾条
二	黄带	1.5	3	1 根普通雪糕
三	绿带	2	5	1 支圆珠笔
四	蓝带	4	8	1 个笔袋
五	红带	5	10	1 瓶 450 毫升的饮料
六	黑带	8	12	1 包巧克力

在表 6-6 里，"可购买的实际物品"这一栏，可以换成相同的物品，不同金额得到不同的数量。在分析的时候，根据孩子的喜好来展示即可。这些可购买的物品，在本质上等同于时间的价值，孩子付出的劳动时间越长，获得的报酬越多，可购买的实际物品

价值也越大。孩子可以简单地理解为：时间等于金钱。

六　启发孩子思考和总结收获

让孩子理解时间与金钱的概念用到了很多道具，但这种方式肯定比仅仅口头上说的方式更容易理解。学习主要可分为三种类型：视觉型、听觉型、触觉型。如果仅仅跟孩子口头上说，只用到了听觉型的学习方式。但在上面五个步骤里，视觉、听觉、触觉三种学习类型都用上了，学习效果会大大提升。而这一步骤的启发思考和总结更重要，起到画龙点睛的作用。

前面已经铺垫了时间等于金钱的概念，还要把孩子喜欢的物品或活动，与对应的劳动报酬联系在一起，让孩子明白付出怎样的努力才能得到相应的收获，让孩子重视时间的利用率，而不是把时间浪费在坏习惯上。

除了提问与思考，还可以与孩子一起列举一分钟可以做的事情，讨论这一分钟可以产生的价值。下面以一分钟价格参考表（见表6-7），举一个简单的例子。

表 6-7　一分钟价格参考表

一分钟可以做的事情	产生的价值	这一分钟的标价
碎片阅读一篇文章	为写作文增添素材	5 元
听一个小故事	明白一个道理	10 元
背一首古诗	巩固课堂知识	5 元
背三个单词	为流畅阅读英语文章打基础	3 元

其实，上述一分钟可以做的内容所产生的价值远超于标识的价格。不论标价多与少，这样的碎片时间积少成多以后，都能让孩子拥有不一样的改变，特别是思想上的改变。因为孩子时刻在做正确的事情，抓紧每一分每一秒的机会来学习，而且因为坚持做到了这些内容，在学习上又得到正向反馈与正向激励，从而更加坚定珍惜时间的理念和做法。

除了让孩子列举好的方面，还可以让孩子列举坏习惯，引导孩子站在中立的角度看问题。从更多角度思考问题，可以让孩子对正确的认识更深刻。同时，还可以针对每一项进行提问并启发孩子思考。例如，提问孩子抓紧时间看电视，这是好习惯还是坏习惯；长期这样做，会有怎样的结果；为什么会得到这样的结果；面对不如意的结果，可以做出怎样的改变等。

类似上述问题，逐个提问并启发孩子思考，不建议一下子提出多个问题。因为这样孩子可能没有听完所有问题，还可能产生思维跳跃的现象，或者没有听到重点等，效果会大打折扣。

提问并思考后，还需要总结收获，把重点信息重复一遍，以加深孩子的印象。或许孩子听了很多内容，但不一定能全部都接收或记住。所以，总结收获起到提醒孩子的作用。

小练习：制作一分钟价格表

与孩子一起填写一分钟价格表模板（见表6-8），激发孩子发掘碎片时间的潜力，让孩子认识到一分钟具有的价值。同时，还要定期复盘价格表，总结一段时间的总收益，帮助孩子形成珍惜时间的意识。

表 6-8　一分钟价格表模板

一分钟可以做的事情	产生的价值	这一分钟的标价	行动后记录次数 / 日期	一周的总收益

第 五 节

清单管理

——仪式感的重要性

> 果果妈妈每天很早就起床，但一直到出门前，都还有很多事情没完成，不是忙孩子的事情就是忙自己的事情，用"打仗"来形容早上忙碌的场面一点都不夸张。果果妈妈真希望家人能多份理解和帮忙。

或许果果妈妈的心声也是所有妈妈的愿望，有没有办法让父母不再成为忙碌的主角呢？

答案是肯定的。可以运用逆向思维制定行动清单，培养孩子的仪式感，减少脑容量的消耗，让孩子一件不漏地自发完成自己该完成的任务。

在本章第一节提出记录时间的行程，在这一节，更注重把现有的行为习惯作出合理的调整，并成为行为规范，也就是制定出行动管理清单。如果遇到突发情况，需要运用四象限分类法，判断轻重缓急，在有限的时间里有选择地执行任务。如果有较长的时间，就努力进入心流状态，专心办事；如果只有碎片时间，就运用给时间标价的方法，让孩子不放弃每一分钟的掌控权。

在《清单革命》这本书里，作者描述了清单应用于医疗领域的实践，正因为有了一张小小的清单，让医疗中经常发生的感染比例从 11% 下降到 0，还避免了多起感染和死亡事故，而这小小的清单，不仅为该医院节省了很多医疗成本，还挽救了很多患者的生命。正因为有了这样的前后对比，让我发现了清单的强大作用。如果把清单的方法用于时间管理上，可以大大提高时间的利用率，还能为忙碌的大脑配备一个外脑，减少对脑容量的占用，还能释放不必要的压力。

教给孩子清单管理的方法，还需要培养孩子的仪式感。仪式感是通过重复践行来培养的，简单的一个动作或者简单的一句话，重复 N 遍后，就能形成行动之前的仪式感。在清单管理中，这个仪式感可以是行动之前朗读清单上的内容，每完成一项任务，就在清单上打钩。这些动作都很简单，让孩子来操作也没有问题，关键在于重复的次数足够多才能形成习惯。

如何协助孩子制定合理的行动清单呢？以下几个步骤简单又易操作。

一 梳理一段时间内要做的事情

以上文提到的早上忙碌时间作为应用场景，在有限的时间内，所做的事情必须有所选择，特别是既紧急又重要的事情一定要在梳理环节里列举出来，并给事情的紧急情况做标记。例如，孩子在出门前对书包的检查是既紧急又重要的事情，检查可能只花一分钟，却可以避免很多麻烦。

　　若将清单管理方法应用于其他场景，需要先列举要做的事情并标记重要的事情。这样可以确定哪些事情在规定时间外进行，哪些事情必须在规定的时间内完成。例如，整理书包，孩子可以在前一晚睡觉前完成，这样就不需要在紧张的早上时间里处理了。

二　把必须做的事情进行排序

　　在上一步骤里，已经对事情的紧急情况进行分类并做了标记，接下来把必须做的事情，按时间线进行排序。这样，做事情的目标更清晰，条理性更好，可以让有限的精力集中去做必须完成的内容。

　　要注意一个关键点，需要对必须做的事情进行筛选，如果觉得每件事情都重要每件事情都去做，是不切实际的。而且，还需要考虑突发情况的发生，并为这部分状况留有回旋的余地。这里更多的是涉及自我消耗与自我鼓励的层面，也就是心理暗示。如果总是不能完成约定的事情，就容易进入自我消耗的状态，产生消极影响的概率比较大。若留有回旋的机会，处理事情就比较灵活，可以更好地减少内耗。如果经常发生突发情况，而打乱了必须做的事情的进度，需要重新思考行动清单的合理性，思考更符合实际的安排，才能让行动清单发挥更大的作用。

　　例如，孩子有早起的习惯，在排序必须做的事情时，可以先安排学习的事项。假如这个月的主题是提高语文成绩，那么学习事项需要围绕语文来进行，而不是所有科目都顾及。也就是说，对必须做的事情要进行筛选，而不是全选。

三 用关键词提炼行动清单内容

对于行动清单的内容，要用关键词的方式提炼出来，这样在看清单的时候可以一目了然。而且，清单都是根据实际情况制定的，每天做的事情基本上都是重复的，越简洁明了越能提高效率。

执行行动清单需要孩子的自律，若有父母的陪伴和鼓励，孩子会更有效地执行行动清单。简单地说，在同一时间段里，父母与孩子一起制定各自的行动清单，因为双方的时间是同步的，一方到达一个阶段同时要求另一方到达约定的阶段。例如，早上的时间，父母做好一切准备可以出门了，孩子至少也要把鞋子穿好，书包整理好，而不是孩子在这个时候才起床。双方的行动清单是同步的，才能提高时间管理的效率。下面以妈妈和孩子的行动清单为例来分析。

妈妈的行动清单：

● 刷牙。

● 拉伸运动。

● 换衣服。

● 做早餐。

- 检查上班的资料。

- 吃早餐。

- 穿鞋子。

孩子的行动清单：

- 刷牙。

- 换衣服。

- 穿鞋子。

- 检查书包（提前一晚已经收拾好）。

- 吃早餐。

在妈妈与孩子的行动清单里，利用逆向思维，给他们的安排设置同步的时间节点，具体步骤如下。

1. 明确终极目标

上班、上学是妈妈和孩子同步进行的，也就是说，同时出门是他们的终极目标。假如设定终极目标的实现时间是 7 点半，上面的行动清单就是他们在出门之前要完成的任务。

2. 估算每项任务的时间

制定好终极目标后，给清单里的每一项任务估算时间，妈妈的行动多数比孩子的行动更利索，在估算时间的时候，根据平时的时间长度来记录即可。如果孩子有起床气，需要给孩子的行动预留更多的时间，用于处理情绪等问题。所以，估算时间的时候，需要综合考虑多种情况。若以理想的状态来估算时间，遇到突发情况的时候，迟到的概率会比较大。

假设以妈妈的行动清单（见表6–9）的时间估算，总共约45分钟，那么妈妈需要6点45分起床。

表6–9　妈妈行动清单表

项　目	时间（分钟）	备　注
刷牙洗脸	10	包括皮肤护理时间
拉伸运动	5	
换衣服	5	包括选衣服和换衣服的时间
做早餐	10	按加热包子或煮面条时间来计算
检查上班的资料	5	包括整理和检查的时间
吃早餐	5	成人吃东西速度通常较快
穿鞋子	5	包括穿袜子和鞋子的时间

假设以孩子的行动清单（见表6–10）的时间估算，总共约35分钟，那么孩子需要6点55分起床。

表6–10　孩子行动清单表

项　目	时间（分钟）	备　注
刷牙	10	包括叫孩子起床预留的清醒时间
换衣服	5	提前一晚已准备校服
穿鞋子	5	包括穿袜子和鞋子的时间
检查书包	5	假设提前一晚已收拾，早上只是看着清单进行检查，已准备好的物品打钩即可
吃早餐	10	预留孩子可能会拖拉吃得慢的时间

3. 设置同步时间节点

估算了双方的行动时间后，可以用表格把时间线呈现出来。然后根据结果，设置双方同步时间节点。

　　在行动清单里估算了时间后，妈妈的整个行动任务耗时比孩子的任务多 10 分钟。所以，妈妈完成刷牙洗脸的这 10 分钟任务后，需要马上叫孩子起床，这个动作是双方的第一个同步时间节点。下面把妈妈和孩子的时间做成同步时间表，具体见表 6-11。

表 6-11　同步时间表

具体时间	妈妈的行动清单时间表		时间节点	孩子的行动清单时间表	
	行动清单	时间（分钟）/完成后打钩		行动清单	时间（分钟）/完成后打钩
6：45	刷牙洗脸	10			
6：50			①叫孩子起床	刷牙	10
6：55	拉伸运动	5			
7：00	换衣服	5			
7：05	做早餐	10		换衣服	5
7：10				穿鞋子	5
7：15	检查资料	5	②检查资料	检查书包	5
7：20	吃早餐	5	③吃早餐	吃早餐	10
7：25	穿鞋子	5			

　　从表 6-11 中可以看到，妈妈做好早餐后，妈妈检查资料和孩子检查书包是同步进行的，这是第二个时间节点。检查结束后，一起吃早餐是第三个时间节点。

　　清楚了时间节点后，在实际活动中把握好这三个时间节点的关键任务，双方的时间基本上可以维持在同步状态，每一项行动清单里的时间是可长可短的。如果孩子的行动速度有点慢，父母可以鼓励和提醒孩子加快速度，让双方的步伐一致。

四 不断复盘和精进行动清单

上面的步骤都是参考的方式之一，在实际操作中，父母可以根据实际情况与孩子探讨适合双方的行动管理清单。定期复盘，可以让行动清单上的计划更贴近实际。每一个时间段都可以用单独的行动清单来管理。有明确的目标和计划，时间就可以被安排得明明白白。哪怕孩子平时有赖床的习惯，当他看到行动清单上有对应的时间安排时，他会在心中默默计算最晚起床时间。换句话说，孩子是知道自己最迟几点钟就要起床的。有了这个意识后，再慢慢培养孩子对时间的掌控，慢慢让他明白时间是可以被自己主导的，而不是被时间牵着鼻子走。化被动为主动，才能更好地提高孩子的自驱力。

每一次的复盘，都是提高孩子发现问题和解决问题的能力的好机会。不管复盘的内容是哪方面，只要能启发孩子思考，都能进一步提高孩子的自驱力。哪怕复盘只是简简单单的总结，都有它的作用之处。

小练习：制作一份周末学习安排的行动清单

参照上述方法与步骤，与孩子一起选定一个周末的学习时间段，制定一份学习行动清单吧。

周末学习时间，可以以复习一周的学习内容为目标，分配好每个科目的安排，但也不要忘了劳逸结合。行动清单可以用表格或图文的形式来展示，只要孩子喜欢，什么形式都可以。

▲ 番茄时光盒

制作提示：

两图分别沿边框裁剪，上图"贴"的区域选一边剪开，折叠后粘贴成盒子形状，再把番茄贴到其中一个面上，番茄可涂上喜欢的颜色。

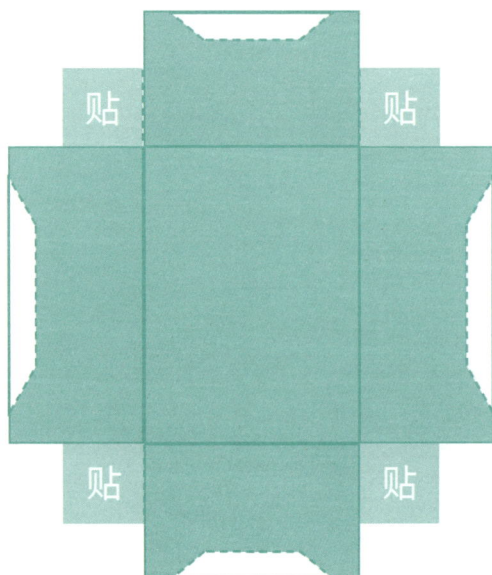

这是我送给孩子的第六份礼物：番茄时光盒。
用它来承载孩子的美好时光！

第七章

写给父母的那些心里话

　　原生家庭对孩子的成长和幸福有着重要的影响。而父母现在给孩子提供的教育和成长环境，就是孩子的原生家庭。培养阳光积极的孩子，需要父母拥有良好的情绪和积极的态度，就像给种子浇灌阳光雨露一样。本章将分享与众不同的思考方式，启发父母想出更多更好的解决问题的方法，并潜移默化地影响孩子。

第 一 节

孩子的安全感
—— 由夫妻亲密度决定

跟好友畅聊后，小雨心中多了很多疑惑，甚至有些不自信，最后在孩子睡着后问丈夫："老公，在你的心里谁排第一位呢？你、我、孩子？"丈夫觉得这个问题不好回答，想扯开话题，这让小雨更容易乱想了。

各位妈妈，你们问过爱人这个问题吗？如果问过，对方是怎样回答的呢？你得到满意的答复了吗？最关键的一点，你为什么问这个问题呢？

这个灵魂拷问通常都是妻子问丈夫的，而很少是丈夫问妻子，非常有意思。那么，在怎样的情况下，妻子会向丈夫提出这样的问题呢？不用质疑，以上提问肯定是孩子已经出生了，可能妻子还经历了一些不如意的事情，才会有探究上述答案的想法。

对于这个灵魂拷问，不管提问者是否得到满意的答案，或者被问者是否回答出让对方满意的答案，都不要着急，往下看能得到大家想要的答案。下面主要讨论夫妻的亲密度与孩子的安全感之间的关系。

你对自己的原生家庭有怎样的想法呢？是爱，是恨，还是复杂的感情呢？现在，找一张白纸写出以下问题的答案，也可以只在心里作答。

- 你曾经责怪过自己的原生家庭吗？
- 责怪的原因是哪方面呢？
- 还记得当时详细的场景、情节等吗？
- 责怪之后，你寻求过解决办法吗？
- 你与原生家庭和解了吗？

如果你现在还没有心思回答上述问题也没关系，可以等到恰当的时机再进行。从问题当中你会发现，成年后的纠结都与童年有关，或许大家的故事都不一样，结果却非常相似。其实，你的父母也是第一次做父母，在那个信息不对称的年代，也只能摸着石头过河，他们也不知道爱你的最好方式是什么，但我相信，你的父母肯定是尽了他们最大的努力去爱你的。既然不能回到过去，那就展望未来，让你的孩子拥有更好的原生家庭。

对于孩子安全感的建立，夫妻之间的亲密关系非常重要。孩子的身体里一半流淌着爸爸的血液，另一半流淌着妈妈的血液，这是身体里的两股力量。如果孩子经常看到父母吵架等冲突场景，孩子的内心是恐惧不安的，孩子也有可能误以为是自己导致父母产生冲突，有些孩子还会用"不好"的方式化解父母的冲突。例如，表现得很调皮或故意做坏事引起父母的注意等。但实际上，孩子的内心在不断内耗，负能量不断积累，他不懂如何正确地表达内心的不安，长期在这种状态下，孩子能有安全感吗？

回到上述的问题，有可能是提问方的安全感不足，或是对自己信心不足，从而产生很多不必要的烦恼，而这些烦恼轻则影响情绪，重则影响感情。如果妈妈没有安全感，妈妈又是孩子最亲密的抚养者，妈妈的情绪、想法、行为等都会时刻影响着孩子，安全感不足的孩子容易养成胆小怕事、自卑等性格，或者是出现吃手等不良习惯。

在家庭的排位中，夫妻关系应该放在首要位置。

在夫妻关系和谐的家庭里，培养出来的孩子是阳光积极、内心强大的。和谐的原生家庭就是他们安全感的根据地。即使孩子在外面受了委屈，回到家依然可以很放松地在父母面前抒发内心的不满，孩子有宣泄负能量的地方，很快他又可以满血复活了，内心充满能量，回到积极面对生活的状态。

关于安全感强的好处和表现有很多，相关资料也很容易在网络中搜到，在这里不多叙述。现在分享关于夫妻之间提高亲密关系的小技巧，这是从多个培养出优秀孩子的家庭中了解到的好方法。

一 正面冲突之前，请在冷静空间灭火

在一个家庭里，要做到完全没有冲突是很难实现的，但是夫妻之间的冲突，不建议在孩子面前宣泄。如果孩子看到父母吵架，对孩子的伤害非常大。但双方约定不在孩子面前吵架是可以做得到的，关键是对这个原则的重视程度达到怎样的境界。

当夫妻之间的冲突，在情绪和言语上已经掩盖不住了，不管孩子是否在场，请双方在物理上进行隔离，可以提前约定彼此的冷静空间。例如，妻子的冷静空间是卧室，丈夫的冷静空间是客厅，在正面冲突之前，请移步到各自的冷静空间进行冷静。当一个人非常愤怒的时候，冷静是需要时间的，接纳情绪是关键。在冷静的过程中，可以用打枕头、打沙发等方式，把内心的愤怒宣泄出来，而这种方式又不会对别人造成影响，宣泄完所有情绪后才能更好地反省。只要是冲突，肯定不是单方面的原因，而找原因的方式不能只找外因，要更多地思考内因，这样才有利于以后的相处。

双方都是成年人，处理冲突的方式要成熟，只在心里埋怨、无理取闹、拒绝交流或指责对方，都不是解决问题的好方式。双方需要在冷静后敞开心扉地进行平等交流，描述事实、表达感受、摆出证据、讨论解决方法。只有把冲突化解了，才能更好地走进对方的内心。

不要以为在冲突化解之前孩子感受不到问题的存在，虽然父母的语言会撒谎，行为却不会，即使是年龄比较小的孩子，都能从父母的行为中观察到微妙的区别。但是，孩子不会表达，只会藏在心里，憋久了就会让孩子的安全感逐渐降低，后续一系列的问题也会慢慢表现出来，父母却未必能找得到根本原因。

为了更好地爱孩子，与爱人好好相处，哪怕产生冲突，也要选择理智的方式来解决，特别是不要在孩子面前展示双方的不满。

二 约定聆听时间，体会对方的心情

夫妻双方的职业不一定相同，强迫对方做自己的工作，让对方了解自己的劳累，这种方式可能很难实现。但是，约定一个定期的聆听时间，或出现状况时马上转为聆听对方的模式，是不难实现的。聆听对方在工作和生活中的劳累、委屈、困难，而且，重点在于聆听，甚至什么话都不需要说，静静地陪伴对方，听对方倾诉，让对方知道自己心里一直有他（她），其实也就够了。

对于倾诉的一方，有人愿意静静地陪着，哪怕对方不给建议，内心的烦恼也会被分担。而且，术业有专攻，倾诉方的困难未必是聆听方能力范围内可以解决的，不给建议反而更好。如果希望对方说出想法或建议，需要给对方一个明确的信号，既显示出尊重，又不会因为建议不合自己心意而觉得被冒犯，更重要的是让彼此更有默契。克制给对方建议的行为，也是一种成熟的表现。

三 给对方更多的自由空间

关于自由空间的说法，在丈夫和妻子的眼里都有不同的定义。妻子可能觉得跟朋友聊天、逛街、不受家庭约束就是自由空间；但对于丈夫，可能让他不受干扰地尽情打游戏，就是很棒的自由空间。妻子希望获得陪伴，丈夫却希望不被打扰，很有意思对吧？

如果不了解对方对自由空间的定义，误会是在所难免的。但这些误会又是很容易避免的，不妨把爱人当作孩子，耐心地了解对方想要怎样的自由空间，并约定享受自由空间的周期与频率，双方在信任的基础下，获得想要的生活，不但关系更亲密，内心的满足感更强，表现在孩子面前是幸福的模样，一举多得。

四　真心地赞扬对方

或许你不习惯赞扬你的爱人，但是，赞扬是非常有效的甜蜜配方。有没有感觉到婚后的生活，双方都忙于工作、忙于孩子或是忙于柴米油盐，对方的好或许看见或许没看见，赞扬却变得不好意思说出口了，渐渐地可能连"谢谢"也没有了，甚至觉得对自己好是应该的。

以前做得好与不好都没关系，从现在开始，用心感受对方的好，真心地赞扬对方做得好的一面。赞扬不一定要很华丽的语言，描述细节已经可以让对方感受到爱的存在了。而且，孩子听到父母互相赞扬对方时，安全感更强，还能从中学到为人处事的技巧，何乐而不为？

还有一点，丈夫都希望获得被崇拜的自豪感，而他更希望崇拜他的是妻子。当妻子真心地感谢丈夫为家庭的付出时，崇拜感也油然而生。妻子多对丈夫说赞扬的话、感谢的话，家就是丈夫最强劲的后盾，丈夫的事业也会更顺利。和谐的家庭气氛，也让孩子的身心更健康。

其实，丈夫爱妻子多一些，孩子更聪明。明白这一点的人，家庭幸福感更高。

孩子的力量

——源自父母情绪的稳定

小帆是一个易怒的孩子。这天放学，小帆饿了，要求妈妈走到马路对面零食店给他买最爱的布丁。但妈妈考虑到不把车开走会堵住后面的车，导致放学高峰期更加拥堵。妈妈一边拉着小帆上车一边拒绝，但还没开口解释原因，小帆已经在车里乱踢乱叫。

当你看到孩子用暴躁的脾气应对眼前发生的事情时，你的感受是什么呢？对他厌烦、生气，还是心生怜悯、想拥抱他，希望他可以恢复理智状态？有没有想过为什么孩子会选择发脾气的方式来宣泄情绪呢？当孩子发脾气的时候，他的内心会有怎样的变化呢？不难猜测，孩子的暴躁脾气肯定在生活环境里有模仿的对象。如果希望孩子有更多解决问题的办法，就要走进孩子的内心，并从源头上进行调整。

在每次发过脾气后，我都会感到非常的无助、无奈和迷茫，一股无力感会让我产生消极情绪，而且消极情绪还会困扰我一段时间，我的工作和生活都会受到不同程度的影响，我深深体会到发脾气对身体的危害。虽然我每次都会对发脾气的行为充满自责，但有时候真的忍不住那如洪水般的脾气冲击我的内心，甚至让我一度失控。所以，每当看到孩子脾气暴躁的时候，就仿佛看到自己发脾气的面孔，可怜孩子的同时也可怜自己，并产生拥抱孩子、拥抱自己的想法，从而下定决心做出改变。

情绪稳定的孩子更有力量。

在家庭教育讲师培训课堂上，除了学习理论知识以外，最重要的学习环节是剧本演练。其中有一个剧本，是暴躁父母与孩子之间的角色扮演。在这个学习环节里，我的印象非常深刻，至今依然记忆犹新。如果有机会，都建议与爱人进行剧本演绎。演一次的收获，顶得上一百次的理论讲解，或许演完后，你会泪流满面。

在剧本里，扮演孩子的一方一直都是沉默不语，并且一直蹲下身体，默默地承受着父母扮演方的暴躁脾气，哪怕对方用极其粗暴的语言进行剧本的演绎，扮演孩子的一方依然不能反抗。扮演一轮结束后，双方交换角色再演一次。以上是剧本演绎的重要条件，而且，扮演者越投入，教育效果越明显。

以下是剧本的模板，父母扮演方的场景和剧本台词，建议换成平时与孩子的对话，特别是父母脾气暴躁时的对话。

● 动作指导

孩子：自始至终沉默不语，可以蹲着或坐在地板上，可以抱着膝盖低着头，还可以看着父母扮演方的眼睛。

父母：父母一直站着，也可以站在凳子上，手上还可以拿着道具，比如木棍、书本、鸡毛掸子、衣架等，酝酿好情绪后，从头到尾都是凶巴巴地对孩子吼出心中的愤怒。

● 剧本参考

孩子没有台词，全程只有父母的台词。

● 学习方面

考试退步：你是怎么考的？比上次退步了一分，是不是时间都花在看电视上了？啊？说话呀！平时叫你不要看电视，你总是不听，你知道一分有多么重要吗？一分就能决定你能不能上大学了！考不到好的大学，你能找到好工作吗？你能不能让我省点心？每周都花钱让你去补习，你知道赚钱有多辛苦多累吗？下次再退步，我就不养你了……

作业拖拉：为什么每次写作业总是慢吞吞？你就不能写快一点吗？别人都写完作业了，还有很多时间学习课外知识，你还在这里磨磨蹭蹭，太不像话了！是不是要我每次都坐在你旁边对你大吼大叫，你才能把作业做快一点？还是你想把我气死，你才安心？写作业那么慢，上课不听课的吗？不专心听课，你对得起老师，对得起爸爸妈妈吗……

● 生活方面

抢玩具：那是你弟弟，你就不能让一让他吗？你都几岁了，还跟弟弟抢玩具，我没给你买过玩具吗？总是抢抢抢，烦死了！你再抢玩具，我就把你跟玩具一起扔了！听到没有……

　　做事拖拉：为什么你做事总是这么慢？只有你的时间才是时间吗？我等你的时间就不是时间吗？你再不快一点，我就把你丢在这里，不等你了！哭什么哭，不准哭！再哭我就打你……

　　看完上述的剧本台词后，你想到了什么呢？在与孩子平时的相处过程中，你经历过类似的场景吗？剧本里的台词能找到你的影子吗？

　　如果都没有，恭喜你，你是很棒的父母，孩子的成长有赖你的耐心陪伴，孩子非常幸福，继续保持就对了。

　　如果上述的剧本台词里，哪怕找到一点你的影子，都建议你进行反省。与爱人或朋友进行剧本的演绎，就是最好的反省。而且，你一定要扮演孩子这一方，好好感受一下，孩子在父母暴躁情绪下被批评的内心感受，这样才能更好地了解孩子的真实想法。

　　在我扮演孩子的时候，原本平静的内心被父母的语言打击得体无完肤。一向积极乐观的我虽然已经做好心理准备，但依然被骂哭了，哭得特别伤心。哭是因为孩子被批评的画面浮现眼前，我感受到孩子内心的无奈、孤独和恐惧，就像天要塌下来一样。

　　虽然这只是一次剧本演绎，但平时与孩子的相处是真真切切的现实。虽然用暴躁脾气批评孩子过后，孩子依然待在父母的身边，依然是爱父母的，但孩子可能会停止爱自己。因为每次批评，孩子内心都受到打击，自我认同、自信心、内心的正能量等方面也会越来越少。所以，当要对孩子发脾气的时候，请强制自己冷静 5 秒钟，我相信你可以做得到。

拥有稳定情绪的父母，在面对与孩子的冲突时，他的精力不是花在情绪的处理上，更多的是思考如何解决矛盾。假如用百分比来形容大脑的精力，情绪稳定的父母用于处理情绪大约需要 10% 的精力，剩下 90% 的精力用于解决问题。每一次解决冲突的过程，都是教育孩子的好时机。父母展现出的良好情绪控制能力，理智地化解冲突，既是高情商的表现，也为孩子提供了学习范本。

当父母情绪不稳定的时候，大脑需要 80% 的精力来处理情绪，剩下 20% 的精力需要等大脑恢复理智后，才能用于化解冲突，但孩子往往坚持不到父母恢复理智的状态，内心就崩溃了，孩子的情绪也会出现状况，这时孩子需要 100% 的大脑精力去处理情绪，后面即使父母说得再多，孩子也未必能听得进去。换句话说，这是一次无效沟通，孩子也会复制父母的行为模式，让暴躁的情绪继续刻印在大脑里。以后孩子面对冲突的时候，大脑里可选择的模式也只有暴躁的情绪。如果这样的状态一直没有得到改善，孩子成年后也会用同样的行为模式来对待自己的孩子，持续恶性循环。

那么，你愿意先控制情绪，再与孩子交流吗？下面分享几个小技巧，让你更好地控制情绪。

一　把孩子当成自己

每个人都有犯错的时候，孩子的阅历少，懂的道理肯定没有父母多，成年后的自己都有可能犯错，为什么要求一个懵懂小孩做到完美不出错呢？想想小时候那个还不懂事的自己，在每次犯错的时候，内心是怎样的心情。害怕、担心还是恐惧呢？当时的自己最希望什么呢？得到理解，得到原谅，还是得到改正的机会？对。面前的孩子就是当年的自己。如果时光可以倒流，你愿意再给自己一次机会吗？好好与自己的孩子相处，好好控制自己的情绪，提升情商不是纸上谈兵，现在就是非常好的实践机会，控制好自己的情绪，孩子肯定能复制这优秀的基因，孩子将来一定会比父母更优秀。

当父母把孩子当成自己的时候，通常会选择原谅孩子，放过自己，心中的怒火也会渐渐熄灭，情绪也就渐渐稳定下来，这样才更有利于解决问题。

二　不说话先拥抱孩子

孩子需要身体接触，这样能让孩子感觉到更多的安全感。还记得襁褓中的婴儿吗？他还回味着在子宫里的那种紧紧的压迫感。这是婴儿安全感的来源。孩子长大后，依然很希望与父母有更多的肢体接触，这一点很多父母都容易忽略。

当父母情绪不稳定的时候，大脑可能一片空白，或没有更多的精力去思考解决问题的办法时，不要勉强自己说话，更不能把情绪发泄在口中，而是选择与孩子进行肢体接触，拥抱可以让孩子拥有安全感，而这时的拥抱也能给父母带来不一样的体会。对！要的就是这种对孩子的内疚感，能让父母的情绪冷静下来。或许，在父母拥抱孩子的那一刻，孩子已经哭了，可能孩子的内心以为父母不爱自己了，这个拥抱能让孩子更安心。等双方情绪都稳定后，再解决问题。

三 给自己倒杯水

给自己倒杯水，其实是转移双方的注意力。换了场景，换了动作，注意力也会跟着改变。要的就是不在死胡同里钻牛角尖，陷进去之后很难自拔，倒不如在陷进去之前化解危机。当父母完成了起身、倒水、喝水、放下杯子这一系列的动作后，之前的怒火已经减半，等情绪稳定下来后，再思考如何解决问题。

建议把这个方法教给孩子，不管孩子是自己情绪不稳定，还是看到别人情绪不稳定，孩子都可以主动地给自己或对方倒杯水，还可以把这一技巧约定成为一条家规，而且效果非常明显。

情绪稳定的孩子，内心积极阳光，充满力量，能坚强面对困难。想让孩子内心充满正能量，父母就要成为情绪稳定的好榜样。

第三节

爱孩子
——从心里认同孩子是父母的老师

小壮妈妈从家庭重回职场，面试官问她能胜任岗位的理由，小壮妈妈回答："孩子是我的情商老师，在带孩子的这几年提高了忍耐力，即使面对难缠的客户，我都有信心说服客户……"最后，小壮妈妈的面试顺利通过。

我非常同意小壮妈妈的说法，孩子是父母的老师。有了孩子后，父母会面对不同的挑战，正是在解决了一个又一个的困境中，提高了情商力、忍耐力、思考力、学习力等综合能力，而这些能力在工作中又能潜移默化地提高工作效率。这样的例子比比皆是，下面分享我在带孩子过程中的收获，希望看到本书的你也能从不同角度欣赏孩子的才干。

一　孩子是父母的情商教练

或许你会好奇，大家的观念都是父母要培养孩子的情商，怎么现在反过来，孩子是父母的情商教练呢？试问，面对无论怎样沟通都依然不听你解释的客户，或许你会选择放弃继续沟通，但是面对自己的孩子，可能你会想方设法让孩子听得进你的建议，对吗？在这个过程中，孩子成了你的情商教练，可能一开始你们会闹矛盾，会僵持一段时间，但不论你多生气，孩子依然与你同住一屋，依然对你不离不弃，因为孩子需要你、依赖你。渐渐地，你对孩子的爱会让你做出改变。例如，思考更多的沟通方式；尝试站在孩子的角度考虑他的感受；看到孩子无奈、无辜又不知所措的眼神，你愿意踏出第一步，修复你们僵持的状态等。每一次的小行动、小思考、小改变，都在锻炼着你的情商值。

> 我反思自己的教学，孩子出生前后，同样是面对闹脾气的学生，我的态度却有很大的转变。以前，我会幼稚地跟闹情绪的学生发脾气，就像是为了争一口气，谁也不让谁。但有了孩子后，我从孩子身上学到帮助孩子疏通情绪的方法，把这些经验运用到教学中，我能更快更好地处理闹情绪学生的突发状况，还让学生的父母感叹："有孩子的老师就是懂孩子的心！"在给父母分享处理孩子情绪的技巧时，父母还把我当作她的智囊团成员，这些我都得感谢孩子，因为他们都是我的情商教练。

除此之外，孩子还是父母的情绪镜子。有没有发现孩子发脾气的时候，特别像闹情绪的自己？不管是语气还是神态，都模仿得特别像。看到孩子闹情绪的场景，会让我们不禁思考别人对闹情绪时的我们持有怎样的看法。有了这样的觉察后，相信你会在闹情绪的时候，刻意反思自己的行为和动机，进而改进情绪管理的方式。有了孩子这面情绪镜子，我们的情绪管理能力也在潜移默化中渐渐提升，而且，孩子依然会继续模仿"升级"了的我们。换句话说，孩子和父母一起成长，一起提升情绪管理能力。

二 孩子教会父母坚持

说起坚持，其实孩子比想象中还要优秀。用我和孩子的故事举例。

> 大宝爱学习，但字写得有点马虎，在老师的多次建议下，大宝终于愿意开启练字这项活动。我了解到大宝之前不愿练字的原因，是他觉得一个人练字很孤单，所以一直没有行动。了解到关键信息后，我提议准备幼升小的二宝加入练字行动。就这样，我们三人一起开始练字。
>
> 在练字的第一天晚上，大宝非常积极地思考如何让练字这个项目持续下去，他想到两个方法。第一，设计记录表，并附上游戏规则。第二，设置奖励制度和奖品。大宝一边练字一边思考的行为，让我对他刮目相看，这不就是目标管理和项目管理的雏形吗？

引用《极简自律》这本书中的观点，其实大宝运用了目标管理工具OKR。OKR（objectives and key results 的缩写），即目标与关键成果法，是一套设定并跟踪目标达成情况的管理工具、方法和思维模式。把OKR运用到练字上，目标O是坚持每天练字、练出一手好字，实现目标的具体手段KR是记录练字情况，并运用激励的方法。而OKR与KPI（key performance indicator 的简写，关键绩效指标）的不同在于，前者注重过程管理，后者重视考核结果。例如，OKR注重的是练字的过程要认真，写得不好的字擦掉重写，但KPI只要求练了字就行，认不认真、马不马虎不是考核的重点。

我把OKR的相关知识告诉大宝之后，他每晚练字都很认真，这跟以前把字写满格、写得东倒西歪的他判若两人。最让我欣慰的是，有几个作业特别多的晚上，我以为他会放弃或忘掉练字这件事，而且我也有偷懒的想法，结果我发现，大宝哪怕睡眼蒙眬了，依然是练了字才睡觉，这让我心生敬畏，连孩子都能做到坚持，我怎么能放弃呢？虽然这是不起眼的小事，但孩子依然默默地坚持着，是孩子教会我坚持不一定是做轰轰烈烈的事情，但可以是日复一日地做同一件有意义的事情。孩子给我上了一节生动的人生课。

三 孩子让父母更爱学习

养育三个孩子，经济压力大是可以想象得到的。同时，孩子是我的精神支柱，看到他们可爱的笑容，就能缓解我心中的烦忧。为人父母的我，恨不得把所有最好的东西都给他们，我相信这也是所有父母的想法。

我曾经为了赚取奶粉钱，同时打三份工。在这个过程中，我活得很充实还很阳光。或许你会好奇我哪来的这么多时间。这得益于我职业的特殊性。在二宝还不到一岁的时候，周一到周五的白天，我去单位上班，周末去琴行上课。除此之外，闲暇时间还做起跨境电商的副业。与此同时，我没有放弃过学习。例如，学习母婴产品的相关知识，既为销售也为更好地养育孩子。学习营销的方法，不但副业用得上，还有助于琴行业务的提升，因为我是机构负责人之一，如果营销能力不过关，机构面临的就是财务危机了。此外，我还从多份工作里学习人际沟通的技巧。这是一门学问，更是一门艺术。不管做什么行业，都离不开人际沟通，从实践中提取经验是最棒的学习方式。我发现，在学习和工作中锻炼的不仅仅是能力，还有心智。我觉得这一切都归因于对孩子的爱，为爱发电，为孩子不断提升自己。

从那以后，即使再苦再累，我都保持着学习的心态，积极面对各种挑战。例如，养育三宝的空窗期，我除了学习，还实现了很多梦想，写书梦就是其中之一。所以，养育孩子能让父母更爱学习，并保持着强大的竞争力。

四 孩子锻炼了父母的时间管理能力

我的时间管理能力，除了得益于多年学琴的心得总结，还要得益于孩子。我可以照顾孩子又不耽误工作，能把一天的时间安排得明明白白而且井井有条。

> 我曾经多次一个人带三个孩子出门，出门前打点一切，出门时安排各项活动，回家时照顾孩子的吃喝拉撒，同时在这一天里，我还能完成原有的学习任务和工作任务。这种能力真不是大风刮来的，是每次"觉得自己做不到，但最后又做成了"的经历，给了我信心和鼓励。这样的锻炼次数多了以后，仿佛成了我的肌肉记忆，突破了能力的临界点后，我的能力就提升了，心态也平稳了，面对挑战时能更加从容。这样的转变，是孩子让我在实践中磨炼获得的。我曾经多次记录三宝妈一天的时间安排，每次记录几乎都能掐准到每一分每一秒，这也从侧面反映了时间利用率的高效。

孩子是父母的老师，从心底里认同这一点时，其实也是在接纳自己的不足。因为接纳了不足，才会不断提升自己的能力和心智，同时减少内耗的想法。这些道理虽然在很多书中都介绍了，但在实际生活中能真正做到并不容易，而养育孩子就是最好的提升方法。面对像白纸一样的孩子，我们要用无限的包容和耐心，与孩子一起欣赏这个美好的世界。

第四节

孩子自信的方法
——培养兴趣爱好

　　课间，妍妍跟小莉说："我上周参加画画比赛拿奖了，你之前拿过什么奖呢？"小莉毫不逊色地说："你会弹琴吗？我上个月的比赛拿了一等奖！"在孩子的对话间，仿佛看到一场兴趣班获奖数量的较量。

　　参加兴趣班基本上成了孩子成长的标配，其实，你有没有想过为什么要让孩子参加兴趣班呢？我相信你的答案肯定不是"别人都在上兴趣班，我的孩子就不能没有才艺"这个理由。那么，参加兴趣班对孩子有什么好处呢？要功利地看待兴趣班吗？兴趣班是越多越好吗？

　　时代的进步让孩子在兴趣班上有了更多选择，对孩子来说是幸福的，但同时也是悲催的。为什么这么说呢？在没有选择的时候，想学也没得学，但选择太多或不知道如何选择，会让孩子疲惫不堪。在刚进入钢琴教育行业的时候，我就已经听说有些孩子周末两天被安排了 10 个兴趣班，孩子的时间被安排得满满当当的，除了惊讶父母为孩子投入的经济支持，更心疼孩子的玩耍时间被挤压。你给孩子安排兴趣班了吗？安排了多少个呢？

一　把握学习黄金期

在孩子小的时候有很多学习黄金期，在黄金期内学习的确能让孩子事半功倍，也就是童子功。例如，关于钢琴的学习，四五岁孩子虽然手指的软骨组织比较多，手指力气不够大，弹起琴来声音不够响，但在这个阶段训练孩子的听力和乐感是非常高效的，这就跟孩子学英语，让孩子磨耳朵的道理是一样的，孩子多听古典音乐，不但乐感好、听力强，还让孩子大脑更聪明。如果错过了学习黄金期再开始学习，并不是什么都学不好，只是效果没有黄金期内那么明显。站在学习的性价比角度，条件允许的情况下，优先选择在黄金期内开始学习。

但是，如果仅仅为了"不要输在起跑线上"的心态，让孩子选择不感兴趣或不适合的兴趣班，对孩子是百害而无一利的。要真正站在孩子的角度，考虑天赋、优势、特长、经济、时间、环境、教学理念等多方面的因素，再作出选择，这才是对孩子负责任的表现。

二　兴趣班的意义

帮助孩子选择兴趣班，需要了解选择兴趣班的原则，更要明白选择兴趣班的意义。在你过去的认知里，让孩子参加兴趣班，对他有什么好处呢？你能想到一个、两个、很多个，还是一个好处都想不起呢？参加兴趣班的好处，课程顾问都会为你详细介绍，所以不用纠结这个问题。

但父母要明白，参加兴趣班的关键点是让孩子拥有更多成就感，变得更自信，并提高综合素质。我的琴行营业了 7 年，陪伴孩子们从幼儿园到初中。对于孩子们来说，琴行就是第二个家，老师们看着孩子们长大，见证着孩子们如何变得更优秀。

有一个小女孩小欣，在她上幼儿园中班的时候报名学琴，我还记得那是一个下雨天，小欣躲在奶奶身后，听着奶奶和老师的对话，小欣给我的印象是非常腼腆内向。从那天以后，奶奶放学就带她来琴行练琴。渐渐地，小欣终于不再躲在奶奶背后，而是腼腆地跟大家打招呼。再到后来，跟老师和同学们都熟络了，同时，她也培养了坚持练琴的好习惯。上小学后，周末才能见到奶奶，即使是晚上八点才放学，回到家虽然没有奶奶的陪伴练琴，小欣依然能坚持练琴半小时，练琴习惯的养成让她成为自律的孩子。有一次，听小欣与主课老师的聊天，我发现小欣的思维非常敏捷，即使遇到尴尬的问题，她都能巧妙地化解，这反映出她的情商和智商都很高，而小欣当时才上三年级。一个不到 10 岁的孩子就懂得高情商沟通技巧，这样的孩子在长大后融入社会，必定是最耀眼的星。

　　其实，孩子在心里是会做比较的，可能跟自己比，也可能跟同学比。你小时候有过这样的比较吗？比的是哪方面呢？如果孩子拿来比较的对象，在各方面都比他优秀，孩子或多或少会产生嫉妒的心理。如果没有及时发现和正确引导，容易让孩子钻牛角尖，不利于他的身心健康。但孩子也会思考自己的优势，比如身高、成绩、排名、兴趣班等，如果比来比去自己都比别人落后很多，而且连一个拿得出手的特长都没有，消极的心态很容易占据孩子的心智。

　　如果是另外的情况，就算在其他方面不如别人，但孩子有非常自信的特长，他依然会保持积极的心态，还可能为了保持现有的优势更加努力地练习，并让特长成为自己的闪光点。在这个过程中，孩子的自驱力被激发出来，还会辐射到其他方面，孩子的进步不是单方面的，而是综合提高。例如，带来学习成绩的提高，学习更有方法。

　　我是初中才有机会学习钢琴的，正因为学了钢琴，我拥有很多人没有的优势特长。为了保持这份优越感，我不但坚持每天练琴一小时，作业也能高效率地完成，学习成绩还稳步提升。物理从不合格提升到保持 70~80 分的水平，化学还考过第一名，语文和数学的成绩一直保持得不错。而在我小时候，并没有太多补习班，我只靠专心听课，高效率完成作业，总结学习方法，还有不断的自我激励，锻炼了学习力，增强了自信心，总结了时间管理的方法。这些能力让现在的我依然受益，这个兴趣班学得也太有价值了。

三 兴趣班的选择原则和建议

在选择兴趣班时，考虑的不仅是眼前的得失，更重要的是明白其对孩子未来的帮助。选定后，要培养孩子的自律习惯，让它成为孩子的特长。不管孩子选择什么兴趣班，只要适合孩子的优势与天赋，而且是孩子喜欢的选择，都可以很好地激发孩子的自驱力。在兴趣班的数量选择上，需要同时考虑孩子的玩耍时间。玩耍时间可以给孩子的创造力提供更多的养分。要留给孩子更多的自由时间和思考空间，多鼓励孩子接触大自然。

因此，建议选择不超过三个兴趣班。孩子的精力是旺盛的，但孩子的时间是有限的，如果所有兴趣班都是泛泛而学，却没有一项特别拔尖，孩子的自信心也很难建立起来。可以先通过撒网的方式，筛选出最适合、最有潜质的兴趣爱好，然后重点培养，让它成为孩子的特长。通常在幼儿园中班到二年级这个阶段，孩子的业余时间相对比较充足，而且这也是孩子学习的黄金阶段，条件允许的情况下，可以让孩子多多体验，这也是了解大千世界的方式之一。过了撒网阶段，被选中的兴趣班要好好坚持，培养孩子的自律、坚强、可靠等优良品德。

　　在兴趣班的种类上，艺术类型、体育类型、思维类型都是不错的选择。人工智能的普及，让不少职业有被机器代替的危机，但人工智能并不能取代艺术领域，拥有艺术特长的孩子以后更有竞争力。孩子坚持体育类型的项目，在锻炼良好体魄的同时，还能让大脑更灵活、更聪明。思维类型的项目，比如棋类，可以锻炼孩子思考的能力、布局的能力、看待问题的全面性等。过了撒网期后，兴趣班数量需要做减法，可以参考上述类型组合，选择一两项长期坚持。

　　关于兴趣班方面的疑问，欢迎搜索公众号"梁幻馨"，输入关键词"兴趣班"，然后写下你最关心的问题，或许拥有 14 年钢琴教学经验的我能给你一些启发与帮助。

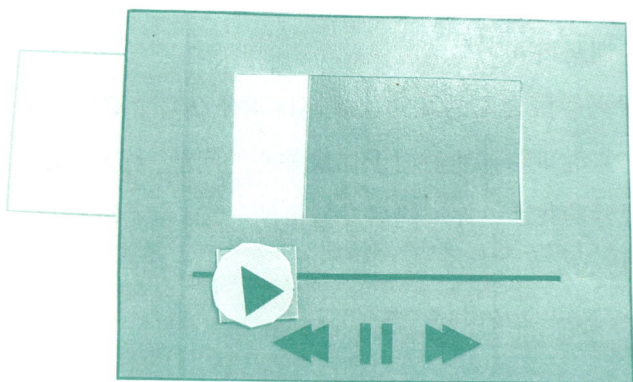

▲ 滑动照片

制作提示：

　　五张图分别沿边框裁剪，图1 长实线划开口，白色部分掏空；图2 按虚线反向折叠；图3 粘贴在到图2中间区域后，把折叠后的图2插进图1已划开口的长实线处；图4 "贴"的区域粘贴图2已插进图1后的折叠处，大的长方形区域粘贴喜欢的照片或绘画；最后，把图5粘贴到图1的背面。

▲图1

▲图2　　　　▲图3　　　　　　　　▲图4　贴

◀图5

这是我送给孩子的第七份礼物：滑动照片。
在白色区域记录与父母的美好时光！

　　我是一名年轻又励志的三宝妈，在育儿和自我成长的路上，我实现了左手带娃右手事业的平衡。与此同时，我的家人也给了我强有力的后盾，让我有机会追逐梦想，实现了舞台梦、写书梦和创业梦。

　　作为一名从事艺术教育工作 14 年、运营艺术机构 7 年的钢琴老师，我担任过评委，导演过慈善音乐会并接受过电视台采访。这些经历让我深入了解了不同类型的孩子，以及优秀孩子背后的教育理念和方法，甚至调皮孩子的家庭情况。我深刻认识到家庭教育对孩子的成长至关重要。在不断学习、育儿和辅导学生的过程中，我发现每个孩子都是独一无二的，而父母如何激发孩子的潜能起到关键作用。在写这本书时，我用以终为始的维度去思考育儿决策，希望这个方法能给父母更多的启发和思考。

　　关于自驱力，分享我的小故事：从小学二年级开始，我就把"培养自己成为优秀的人"作为目标。每当遇到困难，我都会思考如何解决问题。这种理念帮助我减少了内耗，更专注于解决问题的本质。在处理孩子问题时，长期引导孩子换位思考同样能达到这样的效果。虽然孩子不一定能理解，但有了父母的引导后，他们会越来越出色。

关于家务和责任心，我初中的时候，每天早上都会先给父母煮一锅粥再去上学，这小小的行动让我开始培养责任心，并启蒙了我的时间管理能力。这些能力综合提高后，赋予了我更大的动力源泉。

关于梦想与学习力，初中才开始学钢琴的我非常珍惜学习和练琴的机会，虽然学业任务繁重，但文化课成绩不降反升，背后是梦想推动着我的前进。在十几年的教学生涯中，为梦想而全面提升的孩子非常常见。梦想体现在对热爱事物的努力上，这样的努力为人生增添了更多的色彩。上述理念都在书中有所体现。

育儿过程中，尤其是在多孩家庭中，难免会出现孩子之间的矛盾。但通过处理这些矛盾事件，我们可以磨炼自己的耐心和情商，并能将这些能力应用于职场中。面对困难时，不是逃避问题，而是直面问题，这种责任感可以帮助我们在职场中有更出色的表现。在与孩子沟通的过程中，经常分享工作中的小故事，以此教导孩子直面困难，培养孩子的责任心，同时也激发孩子的自驱力。这样，孩子与父母得到共同成长。

最后，感谢秋叶大叔、可白老师、晓露老师、彭小六老师、弗兰克老师、霍婉湘老师，他们在我写书的过程中给我提供了写作灵感和指导。同时，感谢一路帮助、鼓励、支持我的领导、老师、家人朋友们，正是因为大家的支持，我才有今天的成绩。

尽管我积累了很多育儿实践经验，但面对不断变化的时代和不断进步的孩子，我仍然感觉到自身所学的肤浅和局限。所以，对本书中的纰漏、错误，欢迎随时留言给我（读者反馈邮箱：1539260769@qq.com），期待我们一起精进。